Budapest

Matthias Eickhoff

Inhalt

Das Beste zu Beginn

Der Donaukorso ist ein Muss!

Sie werden sich den Blick leider mit vielen anderen teilen müssen – aber es lohnt sich: Der Pester Donaukorso mit seinem grandiosen Welterbe-Panorama begeistert vor allem abends mit der wie über der Donau schwebenden festlich beleuchteten Kettenbrücke, dem monumentalen Burgschloss und dem Gellértberg mit der Freiheitsstatue.

Das Auge badet mit

Die Thermalquellen von Budapest liebten schon Römer und Osmanen. Heute erleben Sie Wellness in nostalgischem Ambiente, ob eleganter Jugendstil im Gellért-Bad (▶S. 39), palastartiger Prunk im Széchenyi-Bad (▶S. 69) oder osmanisches Flair im Rudas-Bad (▶S. 40).

Eine bequeme Art, die Stadt zu entdecken

Sie wollen nicht ständig zu Fuß unterwegs sein und doch viel sehen? Kein Problem: Nehmen Sie einfach die Straßenbahn! Linie 2 fährt am Pester Donauufer entlang, auf der gegenüberliegenden Flussseite die Nr. 19 und 41. Tram 4 und 6 sind außerhalb der Stoßzeiten ideal, um das Gründerzeitflair auf dem Großen Ring zu bewundern.

Eine Stadt für Flaneure

Besonders schön zum Bummeln ist das historische Burgviertel auf der Budaer Donauseite – das stimmungsvollste Viertel von Budapest liegt zwischen Burgschloss und Bürgerstadt. In Pest sind die Gassen der Leopoldstadt und des ehemaligen jüdischen Viertels immer eine Entdeckung wert.

Hier ist Musik drin!

Budapest ist eine sehr musikalische Stadt. Noch immer sind Operetten wie die »Csárdásfürstin« populär. Spannend ist – angefeuert durch die erstklassige Budapest Klezmer Band – die Wiedergeburt der lebensfrohen jüdischen Klezmer-Musik. Sehr populär sind auch die exzellenten Jazz-Clubs. Sie mögen es rockig? Dann sind Open-Air-Events, wie das Sziget-Festival, genau das Richtige.

Neues (Nacht-)Leben in den Ruinen

Das ehemalige jüdische Viertel ist das angesagteste Ausgehviertel. In den Gassen hinter der Großen Synagoge drängen sich Cafés, Restaurants und ›Ruinenkneipen‹. Noch vor wenigen Jahren schien das Viertel dem Verfall preisgegeben, nun tut sich neues Leben auf (▶ S. 50).

Ein Tässchen Kaffee gefällig?

Budapest ist eine Stadt der Kaffeehäuser. Vor dem Ersten Weltkrieg gab es nicht weniger als 500. Nach dem politischen Neuanfang von 1989/90 kam es zu einer kleinen Renaissance. Auch wenn heute nicht mehr rauchende und zechende Schriftsteller, Theaterleute und andere Künstler das Bild bestimmen, so lässt sich doch noch etwas von der früheren Atmosphäre spüren. Einst sehr beliebt waren das Café Centrál und das Café New York (▶ S. 5). Sehr verlockend sind heute auch die traditionellen Konditorei-Cafés.

Das Leben ist ein Fluss

Anders als in Wien liegt die Budapester Innenstadt direkt am Fluss. Vom Wasser aus, bei einer Schiffstour über die Donau können Sie die Prachtbauten an beiden Ufern am besten würdigen – kein Wunder, dass die UNESCO das Donaupanorama schon 1987 zum Welterbe erhoben hat.

Turmbesteigung

Seit der Renovierung der filigranen Matthiaskirche im Burgviertel ist dort in Gruppen auch eine Besteigung des Turms möglich. So gewinnt man den besten Überblick über das Burgviertel, hinauf in die Budaer Berge und vor allem über die Donau hinüber nach Pest (▶ S. 48).

Zu Budapest habe ich ein enges Verhältnis – es ist die Heimatstadt meiner Frau. Besonders mag ich die ständige Verjüngung der Stadt, die sich trotz aller Veränderungen immer treu bleibt.

Fragen? Erfahrungen? Ideen?

Ich freue mich auf Post.

Mein Postfach bei DuMont:
m.eickhoff@dumontreise.de

5

Das ist Budapest

Zu Beginn des 21. Jh. steckt die Perle an der Donau in einem umfassenden Wandlungsprozess, der die Stadt und die Menschen vor große Herausforderungen stellt. Zum einen herrscht spürbar eine neue Gründerzeit: Moderne Stadtviertel, sanierte Brücken und Häuser sowie der Bau einer neuen U-Bahn-Linie zeugen vom Aufbruchsgeist, zumeist gesponsert mit EU-Geldern. Zum anderen sind die Jahrzehnte der Vernachlässigung angesichts des heimischen Geldmangels nicht einfach abzuschütteln. Im ehemaligen jüdischen Viertel in der Elisabethstadt – das auch unter dem Schutz der UNESCO steht – ist der Wandel deutlich spürbar: Zunächst wurden viele heruntergekommene Häuser abgerissen, nun ist jedoch ein angesagtes Ausgehviertel entstanden. Fakt ist auch, dass nicht alle Budapester vom Aufschwung profitieren und die soziale Schere recht deutlich auseinanderklafft. Diese Spaltung gilt auch für das gesellschaftliche Klima unter dem kontroversen Ministerpräsidenten Orbán. Budapests weiterer Weg ist ziemlich offen.

Prachtbauten der Gründerzeit

Besonders stolz sind die Budapester – zu Recht – auf die Errungenschaften des späten 19. Jh., als ein Großteil der heutigen Stadt innerhalb des Großen Rings entstand. Der Reiz von Budapest liegt u. a. darin, dass sich dieses Fin-de-Siècle-Stadtbild bis heute größtenteils unangetastet erhalten hat. Wer vom Burgberg über die Donau nach Pest hinüberschaut, entdeckt eine Stadtsilhouette, die in weiten Teilen noch so aussieht wie vor gut 100 Jahren. Gründerzeit und Jugendstil haben echte Prachtbauten hinterlassen, wie z. B. das monumentale Parlament oder aber die Franz-Liszt-Musikakademie).

Kulturmotor Budapest

Wenn in Ungarn kulturell etwas Neues ausprobiert wird, dann geschieht dies meist in Budapest. Das Spektrum ist dabei breit gefächert und das Angebot kaum überschaubar. Zwar wurde die staatliche Förderung stark zurückgefahren, doch das neue Millenniumsviertel am Donauufer setzte vor einigen Jahren Standards. Nun soll im Stadtwäldchen gar ein ganzes Museumsviertel entstehen. Auf private Initiativen gehen z. B. das KOGART-Haus an der Andrássy út sowie das Haus der Ungarischen Sezession in der Leopoldstadt zurück. Zur dynamischen Kulturszene gehören auch die erstklassigen Festivals: Das international besetzte Frühlingsfestival sorgt bei Konzert- und Theaterfreunden für Kulturgenuss pur, während im Sommer das Sziget-Festival ein attraktives Open-Air-Spektakel ist. Und die sommerlichen Konzertreihen setzen die stimmungsvollsten Plätze der Hauptstadt wirkungsvoll in Szene. Musikalisch ist Budapest die Hauptstadt des Jazz, während – angestoßen durch die großartige Budapest Klezmer Band – eine Renaissance der jüdischen Klezmer-Musik stattgefunden hat. Alternative Projekte wie die Kulturzentren Trafó und Fonó sorgen für frische Impulse in einer Szene, die immer wieder avantgardistische Projekte hervorbringt.

Budapest tanzt … und besonders ausgelassen unter freiem Himmel.

Wo sich die Szene trifft

Die jungen Hauptstädter gehen gerne aus. Auf dem Szene-Platz Liszt Ferenc tér, rund um die Szent-István-Basilika oder im Gozsdu-Hof reiht sich Café an Café. Da viele Caféterrassen in der Innenstadt spätestens um 24 Uhr zumachen müssen, verlagert sich danach das Nightlife in die lebhaften ›Ruinenkneipen‹ des ehemaligen jüdischen Viertels. Diese inzwischen im Mainstream angekommenen Ausgehadressen haben sich in verlassenen Häusern und Hinterhöfen angesiedelt. Manche Kneipen, wie das Szimpla Kert, sind inzwischen weit über die Stadtgrenzen hinaus bekannt. An Ideenreichtum mangelt es in Budapest nicht, wenn es um eine coole Location geht, z. B. im Sommer auch am Donauufer.

Verkehr und Umwelt

In den letzten 30 Jahren haben gut 300 000 Menschen der Metropole den Rücken gekehrt – immerhin rund 15 % der Bevölkerung. Diese Menschen pendeln nun zur Arbeit nach Budapest, was erhebliche Verkehrsprobleme mit sich bringt. Für viele Budapester ist es eine Statusfrage, mit dem Auto in die Innenstadt zu fahren. Dadurch haben sich z. B. die Parkplatzprobleme erheblich verschärft. Als Tourist sollte man sein Auto grundsätzlich auf einem bewachten Parkplatz stehen lassen und zu Fuß oder mit dem hervorragenden öffentlichen Nahverkehr die Stadt erkunden. 2014 kam die Metrolinie 4 neu dazu. Als Gegenbewegung zum wachsenden Autoverkehr schwingen sich immer mehr Hauptstädter aufs Fahrrad, die Pester Innenstadt wurde zum Teil verkehrsberuhigt. Zudem wird es immer einfacher ein Fahrrad zu leihen. Schöne Radwege gibt es z. B. am Budaer Donauufer und auf der Margareteninsel. Und wer wirklich durchatmen will, fährt hinauf in die Budaer Berge und genießt die frische Luft im Mittelgebirge.

Budapest in Zahlen

0

Büro-Hochhaustürme gibt es in der Pester Innenstadt.

3

Prozent der Budapester sind offiziell arbeitslos (2015).

11

Donaubrücken hat Budapest, davon 9 Straßen- und 2 Eisenbahnbrücken.

23

Bezirke mit je einem eigenen Bürgermeister hat Budapest.

31

Kilometer lang ist das Pálvölgyi-Szépvölgyi-Höhlensystem, das längste in Ungarn.

48

Grad ist der Steigungswinkel der Standseilbahn.

123

Thermalquellen sorgen in ›Bad Budapest‹ für warmes und heilendes Badevergnügen.

315

Forint bekommen Sie in etwa für einen Euro.

500

Kaffeehäuser gab es zu Beginn des 20. Jh.

525

Quadratkilometer Stadtfläche, davon 352 km² in Pest und 173 km² in Buda

527

Meter hoch ist der János-hegy (Johannes-Berg), der höchste Punkt der Stadt.

1647

Kilometer fließt die Donau von der Kettenbrücke bis zur Mündung ins Schwarze Meer.

1750000

Einwohner hat Budapest.

3000000

ausländische Gäste im Jahr besuchen die ungarische Hauptstadt.

40000000

Ziegel wurden beim Bau des Parlaments gebraucht.

375
Meter ist die 1849 gebaute Kettenbrücke lang.

Was ist wo?

Budapest ist eine Stadt am Fluss. Die Donau ist der wichtigste Orientierungspunkt, sie trennt die Stadt von Norden nach Süden in zwei ungleiche Hälften: das historische Regierungszentrum im Westen auf dem Budaer Burgberg und das pulsierende Geschäftszentrum östlich der Donau im flachen Pest.

Erster Überblick

Ideeller Mittelpunkt der Stadt ist die abends festlich angestrahlte **Kettenbrücke (Lánchíd)** (Karte D 4), die älteste feste Verbindung über die Donau zwischen Buda und Pest. Die meisten Sehenswürdigkeiten liegen entweder auf dem Budaer Burgberg oder aber in Pest innerhalb des **Großen Rings**, der die zentralen Viertel von Pest halbkreisförmig von der Margaretenbrücke im Norden bis zur Petőfibrücke im Süden umschließt. Der **Kleine Ring** begrenzt die eigentliche Pester Innenstadt von der Kettenbrücke im Norden bis zur Freiheitsbrücke im Süden. Verkehrstechnisch ist der Platz **Deák Ferenc tér** (Karte E 4/5) in der Pester Innenstadt wichtiger, weil hier drei Metrolinien sowie mehrere Straßenbahn- und Buslinien zusammenlaufen. Das Donaupanorama gilt übrigens als UNESCO-Weltkulturerbe – also lohnt eine Schiffstour auf der Donau zum Einstieg.

Budaer Burgberg

Rund 50 m über der Donau erstreckt sich der lange Hügelrücken des **Budaer Burgbergs**. Optisch beherrscht das imposante Burgschloss im südlichen Teil den Blick vom Pester Donaukorso. Die im Schloss untergebrachte **Ungarische Nationalgalerie** (Karte C/D 5) ist eines der wichtigsten Museen des Landes. Im Norden schließt sich das idyllische **Burgviertel** an, wo barock geprägte Gassen zum Bummeln einladen. Die filigrane **Matthiaskirche** (Karte C 4), Schauplatz von Krönungen und Königshochzeiten, sowie die verspielt-romantische Fischerbastei sind Touristenmagneten des ansonsten erstaunlich ruhigen Viertels.

Gellértberg

Südlich des Burgbergs ragt der weiße Dolomitfelsen des **Gellértbergs** (Karte D/E 6) steil vom Donauufer empor. Auf seiner Spitze thront die ehemalige Zitadelle mit der weithin sichtbaren Freiheitsstatue. Von dort oben bietet sich ein herrlicher Panoramablick. Am Fuß des Gellértbergs laden das türkische **Rudas-Heilbad** (Karte 3, D/E 6) und das wunderbare **Gellért-Heilbad** (Karte E 7) mit seinen Jugendstilverzierungen zu entspannten Stunden im Thermalwasser ein.

Pester Innenstadt

Auf der rechten Donauseite erstreckt sich innerhalb des Kleinen Rings die Pester Innenstadt. Ankerpunkt ist die zentrale Fußgängerzone **Váci utca** (Karte E 5–F 6). Einst die schickste Einkaufsstraße Ungarns, ist sie noch immer eine beliebte Flaniermeile. Durch weitere Verkehrsberuhigungen wurde die Innenstadt in den letzten Jahren deutlich aufgewertet. Schöne Beispiele sind der Egyetem tér und der Március 15. tér. Zum Flair des Zentrums tragen die vielen Kaffeehäuser bei sowie die herrliche Flaniermeile des Donaukorsos mit grandiosem Panoramablick über die Donau zum Burgberg. Am Kleinen Ring sind der **Zentralen Markthalle** (Karte F 6/7) und das **Nationalmuseum** (Karte F 6) die wichtigsten Sehenswürdigkeiten.

Zwischen Kleinem und Großem Ring

Entstanden im Zuge der großstädtischen Expansion im 19. Jh., ist in diesem halbkreisförmigen Bereich das Flair der Gründerzeit noch deutlich spürbar. Besonders reizvolle Viertel sind die **Leopold-stadt** (📖 D/E 2–4) mit dem pompösen Parlament am Donauufer sowie der mächtigen St.-Stephans-Basilika. Einen ganz eigenen Reiz besitzt das **ehemalige jüdische Viertel** (📖 F/G 4/5) in der Elisabethstadt mit der prächtigen Großen Synagoge in der Dohány utca. In diesem Quartier spielt sich mittlerweile auch ein Großteil des Nachtlebens ab. Sogenannte ›Ruinenkneipen‹ locken das Publikum. Der Szeneplatz **Liszt Ferenc tér** (📖 F 3) ist aber noch immer populär. Südlich des Großen Rings steht die moderne **Millenniumsstadt** (📖 Karte 4) für gehobenes Kulturvergnügen. Eine Besonderheit ist die Galerienmeile **Falk Miksa utca** (📖 E 2) am Parlament.

Andrássy út und Stadtwäldchen

Aus der Innenstadt führt der Prachtboulevard **Andrássy út** (📖 E–H 2–4) zum **Heldenplatz** (📖 H 1) und zum **Stadtwäldchen (Városliget,** 📖 H–K 1/2) hinaus. Unterwegs passiert man die großartige **Staatsoper** (📖 F 4) sowie den ›Pester Broadway‹. Der Heldenplatz

würdigt mythologische Stammesfürsten sowie Könige und Freiheitskämpfer, während das **Museum der Bildenden Künste** (📖 H 1) seit Ende 2018 frisch renoviert wieder hochkarätige europäische und ägyptische Kunst präsentiert. Im angrenzenden Stadtwäldchen ist der Zoo ein familienfreundliches Ausflugsziel. Das palastartige Széchenyi-Heilbad ist ein Juwel und die stimmungsvolle Vajdahunyad-Burg bietet eine romantische Kulisse.

Margareteninsel und Óbuda

Mitten in der Donau ist die **Margareteninsel** (📖 D 1 und Karte 2) die grüne Lunge der Hauptstadt. Auf dem parkähnlichen Eiland finden die Budapester Ruhe und Entspannung vom Stress der Metropole. **Óbuda** (📖 Karte 2) im Nordwesten ist die Keimzelle Budapests. Hier treffen die Reste der ehemaligen römischen Provinzhauptstadt Aquincum, ein barockes Museumsensemble sowie die rücksichtslos hochgezogenen Plattenbauten kontrastreich aufeinander.

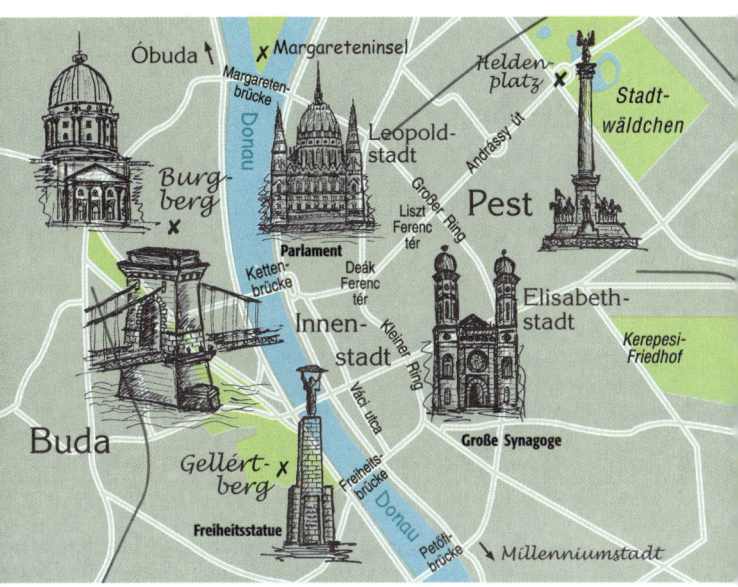

Entspannt unter Dampf

Die Schachspieler im palastartigen Széchenyi-Heilbad scheinen keinerlei Hektik zu kennen. Im 36 °C warmen Wasser tüfteln sie in aller Ruhe den nächsten Zug aus. Besonders mag ich das Bad im Winter, wenn es draußen eiskalt und dunkel ist. Dann liegen über der Wasseroberfläche dichte Nebelschwaden. Im Széchenyi – wie auch in den anderen großartigen Thermalbädern der Hauptstadt – sind die Sorgen des Alltags für ein paar Stunden vergessen.

Den Bogen weit gespannt

Mit ernstem Blick schauen die ungarischen Stammesfürsten, Könige und Revolutionäre ins weite Halbrund des Heldenplatzes, was da heutzutage so vor sich geht! Sportliche Magyaren aus der Skater-Szene vollführen akrobatische Kunststücke. Die Touristen freut's, sind doch locker-belebende Fotomotive auf dem Heldenplatz ansonsten rar.

Nightlife in Ruinenkneipen

Welch ein Kontrast zu modernen Bars mit minimalistischem Ambiente: Zu den Hotspots des Budapester Ausgehszene gehören die lebendigen ›Ruinenkneipen‹, die sich nach der Jahrtausendwende in verlassenen Häusern und Hinterhöfen ansiedelten. Längst Kult und weit über die Stadtgrenzen hinaus bekannt ist das Szimpla Kert, das sich immer wieder neu erfindet.

Ihr Budapest-Kompass

WOMIT FANGE ICH AN?

#1
Entdeckungstour per Schiff – **Lebensader Donau**

Das Leben ist ein Fluss

#2
Museumspalast mit Ausblick – **das Burgschloss**

ERST KÖNIGE

DANN KÜNSTLER

#3
Durch die Gassen der Altstadt – **das Burgviertel**

IDYLLE STATT TOURISTEN-SCHAREN

#15
Raus aus der Stadt – **Ausflug in die Budaer Berge**

MIT ZAHNRADBAHN ODER KINDEREISEN-BAHN INS GEBIRGE!

#14
Grüne Lunge im Strom – **die Margareteninsel**

»Auf in den Feengarten«

#13
Tierpark, Märchenburg und Wellness – **Városliget**

HIER BADEN NICHT NUR ELEFANTEN

#12
Kunstgenuss und stramme Magyaren – **der Heldenplatz**

Ungarische SUPERMÄNNER und europäische KUNST-HIGHLIGHTS

#4
Von Bischöfen, Hexen und Habsburgern – **der Gellértberg**

einfach **hochklettern** und den **AUSBLICK** genießen

#5
Baden von Orient bis Jugendstil – **Gellért- und Rudas-Heilbad**

Wellness aus osmanischer Zeit

#6
Paprika und Porzellan – **Shoppen rund um die Váci utca**

UNGARISCHE EINKAUFSWELTEN

#7
Literatur und süße Lust – **Kaffeehäuser und Konditoreien**

Einen Kaffee, bitte!

#8
Synagogen, Klezmer und Szene – **das alte jüdische Viertel**

JÜDISCHES LEBEN UND ›RUINENKNEIPEN‹

#9
Macht und Pracht – **die Leopoldstadt**

Den Nationalstolz der Ungarn spüren

2,5 KM PRACHT

Wie klingt Budapest?

#11
Zwischen Oper und Musical – **der ›Pester Broadway‹**

#10
Budapests schönster Boulevard – **die Andrássy út**

Entdeckungstour per Schiff – **Lebensader Donau**

Wie kaum eine andere Donaumetropole wird Budapest vom Strom geprägt. Vom Fluss eröffnen sich die schönsten Blicke auf die Highlights der Stadt. Besonders stimmungsvoll sind die abendlichen Rundfahrten, wenn die Prachtbauten festlich angestrahlt werden. Kommen Sie also mit auf den Fluss und entdecken Sie Budapest von seiner schönsten Seite!

Heute eine Selbstverständlichkeit: In wenigen Minuten saust man von einem Ufer des großen Flusses zum anderen. Bis zum Bau der Kettenbrücke trennte die mehr als 300 m breite Donau Pest und Buda.

Schon vom **Donaukorso (Dunakorzó)** **1** am Pester Donauufer aus entfaltet sich ein beeindruckendes Panorama: Majestätisch thront das riesige **Burgschloss** **2** (▸ S. 24) auf dem Budaer Burgberg, zur Linken erhebt sich der weiße Dolomitfelsen des **Gellértbergs (Gellérthegy)** **3** mit Zitadelle (Citadella) und Freiheitsstatue (▶ S. 36), rechts schließt die **Kettenbrücke (Lánchíd)** 4 das Bild ab. Kein Wunder, dass die UNESCO das märchenhafte Donaupanorama schon 1987 zum Welterbe erklärt hat.

Endlich eine Brücke

Seit rund 170 Jahren überspannt die Kettenbrücke als erste feste Verbindung zwischen Pest und Buda die Donau. Bis dahin galt die Donau eher als Trennlinie, unter den Römern war sie sogar Reichsgrenze. Als Wahrzeichen von Budapest symbolisierte die filigrane Brücke die Vereinigung der beiden einst selbständigen Städte. Doch der Bau war nicht unumstritten gewesen, erst Graf István Széchenyi – wegen seiner wichtigen Reformprojekte auch ›der größte Ungar‹ genannt

INFOS

Rund ums Jahr werden tagsüber und abends Rundfahrten über die Donau angeboten, z. T. in Kombination mit Stadtrundfahrten (▶ S. 113). Startpunkt ist der **Bootsanleger** 1 unterhalb des **Pester Donaukorsos** 1 , zwischen Vigadó tér und Petőfi tér.
Anbieter: ca. einstündige kommentierte Schiffstouren bei Legenda, T 1 266 41 90, www.legenda.hu, ab 3900/erm. 2400 HUF; DunaYacht, T (06) 30 539 50 57, www.dunayacht.com, 2500/2100 HUF. Sehr ungewöhnlich und unterhaltsam ist die zweistündige kombinierte Bus-Schiffs-Tour mit einem Amphibienbus von Riverride (9000/6000 HUF, T 1 33 22 555, www.riverride.com).

KULINARISCHES FÜR ZWISCHENDURCH

Gleich neben den Schiffsanlegern bieten zwei einladende Restaurantschiffe atemberaubendes Donaupanorama zum Essen. Das **Spoon ›The Boat‹** 1 (Vigadó tér, Schiffsanleger 3, T 1 411 09 33, https://spoonrestaurants.com, tgl. 12–24 Uhr, Hauptgerichte 3700–8500 HUF) ist eine elegante Adresse mit feiner Fusion-Küche – abends unbedingt reservieren! Einige Meter weiter bietet

das **Columbus Pub és Étterem** 2 (Vigadó tér, Schiffsanleger 4, T 1 266 90 13, www.columbuspub.hu, tgl. 12–24 Uhr (Winter Mo–Fr 17–24, Sa/So 12–24 Uhr), Hauptgerichte 2500–7800 HUF) herzhafte ungarische Küche (Do, Sa/So auch Livemusik).

STORIES

Die Budapester witzeln, man habe den benachbarten Tunnel unter dem Burgberg nur gebaut, um bei schlechtem Wetter die heiß geliebte **Kettenbrücke** hineinschieben zu können. Auch heißt es, die Löwen an den Brückenköpfen hätten keine Zunge. Der Bildhauer beteuerte jedoch, man müsse den Löwen nur tief genug in den Mund schauen, um die eingerollte Zunge zu entdecken.

– konnte das Projekt durchsetzen. 1820 hatte er aufgrund widriger Winterverhältnisse tagelang auf eine Donaupassage warten müssen, um zur Beerdigung seines Vaters zu gelangen. 1832 gründete er schließlich einen Brückenverein, doch erst 1849 wurde das 375 m lange Bauwerk nach den Revolutionswirren 1848/49 eingeweiht. Zu Ehren des Reformgrafen heißt sie vollständig Széchenyi-Kettenbrücke.

Parlament und grüne Lunge

Doch nun weiter stromaufwärts. Zur Linken erhebt sich auf dem Budaer Burgberg der filigrane Turm der **Matthiaskirche (Mátyás templom)** 5 (▶ S. 30). Ihr vorgelagert ist die verspielt-romantische **Fischerbastei (Halászbástya)** 6 einer der schönsten Aussichtspunkte im Burgviertel. Zur Donau hin erstreckt sich der schmale Streifen der Wasserstadt.

Zur Rechten kommt das imposante **Parlament (Országház)** 7 (▶ S. 55) am Pester Donauufer ins Blickfeld. Vom Fluss erkennen Sie sofort, dass die Fassade ganz auf die Donau ausgerichtet ist, doch über die Prunktreppe schreitet kein Staatsoberhaupt, denn der Haupteingang befindet sich – anders als der optische Eindruck vermuten lässt – auf der Rückseite am Kossuth tér.

Ein Stückchen weiter spannt sich die 1876 eröffnete **Margaretenbrücke (Margit híd)** 8 über den Fluss. Falls Sie abends Zeit haben, bietet die Margaretenbrücke einen wunderbaren Panoramablick auf die angestrahlten Sehenswürdigkeiten rechts und links des Flusses. Hinter der Brücke erstreckt sich die **Margareteninsel (Margitsziget)** 9 (▶ S. 72), die grüne Lunge der Hauptstadt mitten im Strom.

Auf der Höhe der Margaretenbrücke wenden die meisten Ausflugsschiffe, während die Linienschiffe vom Anleger Jászai Mari tér auf der Pester Seite noch weiter nach Norden schippern.

Brückenfahrt stromabwärts

Wir fahren nun aber stromabwärts, vorbei am Ausgangspunkt und gleiten unter der weißen **Elisabethbrücke (Erzsébet híd)** 10 hindurch. Das ursprüngliche Bauwerk wurde im Zweiten Weltkrieg – wie auch alle anderen Brücken – zerstört und 1964 durch diese neue schlanke Konstruktion ersetzt.

Von der Brücke aus wirkt das pompöse Parlament wie eine filigrane Märchenburg.

Viele Brücken wurden in den letzten Jahren liebevoll restauriert: Schraube für Schraube, Stein für Stein, wie hier die Freiheitsbrücke.

Rechts liegen zu Füßen des Gellértbergs zwei der schönsten Thermalbäder Budapests (▶ S. 38): das 450 Jahre alte osmanische **Rudas-Heilbad (Rudas gyógyfürdő)** 11 und der bezaubernde Jugendstiltempel des **Gellért-Heilbads (Gellért gyógyfürdő)** 12. Letzteres ist als Teil des wuchtigen Gellért-Hotels an der grünen **Freiheitsbrücke (Szabadság híd)** 13 gut zu erkennen. Über die 1896 errichtete grüne Brücke verbinden die gelben Straßenbahnen Pest mit dem Süden von Buda.

Schließlich öffnet sich hinter der schmucklosen **Petőfibrücke (Petőfi híd)** 14 der Blick auf die postmoderne Millenniumsstadt am Pester Donauufer. Mitte der 1990er-Jahre war das Gelände für eine gemeinsame Weltausstellung mit Wien vorgesehen, doch nach dem Platzens des Plans entschied man sich für Büros und Kulturpaläste. Ankerpunkte sind das 2002 eröffnete **Nationaltheater (Nemzeti Színház)** 15 sowie der 2005 eingeweihte **Palast der Künste (Müvészetek Palotája)** 16 (▶ S. 109) mit dem Ludwig-Museum (▶ S. 79). Vor allem der Kunstpalast bietet ein vielfältiges Programm. Abends erzeugt die ständig wechselnde Beleuchtung ein surreal wirkendes Farbenspiel an der Fassade. Von der **Rákóczibrücke (Rákóczi híd)** 17 schippern sowohl Ausflugsboote wie Linienschiffe wieder zum Pester Donaukorso zurück.

Wenn Sie auf Kommentare während der Schiffstour verzichten können, dann sind auch die öffentlichen **Linienschiffe** zwischen Rákóczibrücke und Margaretenbrücke eine sehr gute Alternative. Zentraler Anleger ist der Petőfi tér am Pester Donaukorso. Mit einer Tages- oder Wochenkarte für den Nahverkehr können die Schiffe von Montag bis Freitag sogar kostenlos genutzt werden. Im Sommer verkehren die Linienschiffe alle 30 Min., im Winter alle 1–2 Std. Weitere Anleger ▶ S. 112.

 # 2

Museumspalast
mit Ausblick –
das Burgschloss

Hoch über der Donau beherrscht das mächtige Burgschloss die Skyline des Budaer Burgbergs. Könige residieren hier schon lange nicht mehr. Dafür präsentiert die Ungarische Nationalgalerie die bedeutendsten ungarischen Künstler des 19. und 20. Jh. Nebenan führt das Budapester Historische Museum durch die bewegte Stadtgeschichte.

Nur selten lässt sich die Terrasse vor dem Burgschloss so leer erwischen, denn von hier bietet sich ein fantastischer Blick über die Donau.

Das Budaer Burgschloss (Budavári Palota) thront wie ein Wahrzeichen über dem Fluss und ist ein Symbol des ungarischen Nationalstolzes. Selbst die Kommunisten rissen das zerstörte Schloss nach dem Zweiten Weltkrieg nicht ab, sondern renovierten es.

Tataren, Renaissancefürsten und Habsburger

Die Anfänge des Palastes gehen auf die Mitte des 13. Jh. zurück, als ›der zweite Staatsgründer‹, König Béla IV., nach dem verheerenden Tatareneinfall von 1241/42 überall im Lande wehrhafte Burgen anlegen ließ. Aufgrund der günstigen Lage wurde Buda schon bald zur Königsresidenz. Unter König Matthias hielt in der zweiten Hälfte des 15. Jh. die Renaissance Einzug und die berühmte Bibliotheca Corviniana entstand. Damals soll sie nach der vatikanischen Bibliothek die zweitgrößte Europas gewesen sein. 1541 eroberten die Türken Buda. Seit dieser Zeit residierte kein Monarch mehr in dem Palast. Bei der Einnahme Budas durch die Habsburger 1686 lag die Residenz in Schutt und Asche. Im 18. Jh. erfolgte unter Maria Theresia der Wiederaufbau und gegen Ende des 19. Jh. erhielt der Palast seine heutigen Dimensionen.

Die Auffahrt mit der Standseilbahn Sikló zum Burgberg ist nur kurz, aber ein ungewöhnliches Erlebnis.

Bergan mit der Standseilbahn

Standesgemäß gleiten Besucher seit 1870 vom Clark Ádám tér an der Kettenbrücke mit der historischen **Standseilbahn Budavári Sikló** 1 (Fahrtzeiten ▶S. 26) zum Burgschloss hinauf. Die nur knapp 100 m lange Strecke weist einen Steigungswinkel von 48° auf. Erbaut wurde sie einst, damit die königlichen Beamten bequemer die auf dem Burgberg angesiedelten Ministerien erreichen konnten.

Ungarische Meisterwerke

Gleich vier Flügel des riesigen Schlosses sind Teil der **Ungarischen Nationalgalerie (Magyar Nemzeti Galéria)** 2. Ausgestellt sind dort ungarische Werke, die vom 11. Jh. bis in die heutige Zeit datieren. In der mittelalterlichen Sammlung sind die kostbaren gotischen Flügelaltäre hervorzuheben. Besondere Aufmerksamkeit verdienen die Kunstwerke des Goldenen Zeitalters zwischen dem österreichisch-ungarischen Ausgleich 1867 und dem Ersten Weltkrieg. Damals waren von offizieller Seite heroische Historiengemälde gefragt, wie »Die Frauen von Eger« von Bertalan Székely (1867). Das Werk im 1. Obergeschoss erinnert an die Verteidigung der Burg Eger gegen eine türkische Übermacht 1552. Zur gleichen Zeit setzte

Unter der mächtigen Kuppel des Burgschlosses residiert große Kunst: Die Ungarische Nationalgalerie präsentiert hier (noch) ihre Schätze.

Mihály Munkácsy – vielleicht der bedeutendste ungarische Maler – mit seinen düsteren Genrebildern einen stilistischen Kontrapunkt. »Der letzte Tag des Verurteilten« (1870) sowie »Vagabunden der Nacht I.« (1872/73) werfen einen ungeschminkten Blick auf die gesellschaftliche Realität des 19. Jh. Die Vielfalt der Kunstszene wird auch an drei anderen Künstlern deutlich: Pál Szinyei Merse gilt als einer der ersten ungarischen Impressionisten. Im Museum sind im ersten Obergeschoss u.a. seine Bilder »Picknick im Mai« (1873) sowie »Frau in Lila« (1874) ausgestellt.

Zu Beginn des 20. Jh. schuf der exzentrische Autodidakt Tivadar Csontváry Kosztka farbenfrohe Großgemälde. Eine göttliche Vision hatte ihm angeblich prophezeit, seine Werke würden berühmter als die von Raffael. Immerhin zählen seine und Munkácsys Gemälde heute zu den teuersten des ungarischen Kunstmarktes. »Die Ruinen des griechischen Theaters von Taormina« (1904/05) im Treppenaufgang zum zweiten Obergeschoss dokumentiert Csontvárys Ausnahmestellung.

Budapester Historisches Museum/ Burgmuseum 5: Szent György tér 2 (Schlossflügel E), www.btm. hu, März–Okt. Di–So 10– 18, Nov.– Febr. 10–16 Uhr, Dauerausstellung 2000–2400/1000–1200 HUF
Burggarten-Basar 10: www.varkertba zar.hu, Eintritt frei, in den Seitenflügeln kostenpflichtige Sonderausstellungen

KULINARISCHES FÜR ZWISCHENDURCH

Sowohl die Nationalgalerie wie auch das Budapester Historische Museum verfügen über ein eigenes Café. Am Ausgang des Burggartens befindet sich eine sommerliche Café-Terrasse. Mit seinem schönen Ausblick auf das Burgschloss ist das **Korona Kávéház** ❶ (Dísz tér 16, T 1 385 61 39, tgl. 10–18 Uhr) bestens positioniert.

INFOS/ÖFFNUNGSZEITEN

Sikló 1: Der Sikló verkehrt in kurzen Abständen tgl. 7.30–22 Uhr, einfache Fahrt 1200 HUF/erm. 700 HUF.
Ungarische Nationalgalerie 2: Szent György tér 2 (Schlossflügel A–D), www. mng.hu, Di–So 10–18 Uhr, Dauerausstellung 1800/900 HUF, Audioguide (auf Deutsch) 800 HUF

Cityplan: C/D 5 | **Bus** 16, 16A, 116: Dísz tér, **Budavári Sikló** (Standseilbahn)

Bedeutende Künstlerkolonien

Gegen Ende des 19. Jh. drängte es zahlreiche Künstler hinaus aus den ›verdorbenen‹ Großstädten in die ›Natürlichkeit‹ des kleinstädtischen Landlebens. Simon Hollósy und Károly Ferenczy gehörten 1896 zu den Gründern der ersten ungarischen Künstlerkolonie in Nagybánya (heute Baia Mare, Rumänien). Hier stand die Freilichtmalerei im Vordergrund, Ferenczys Werk »Oktober« (1903) im zweiten Obergeschoss ist beispielhaft.

Eine weitere Künstlerkolonie formte sich 1901 auf Initiative von Aladár Körösfői-Kriesch in Gödöllő. Seine religiös-mystisch angehauchten Bilder sind besonders intensiv vom Jugendstil geprägt. Eines seiner Hauptwerke ist in der Franz-Liszt-Musikakademie zu bewundern (▶ S. 81). In der Nationalgalerie ist er unter anderem mit der »Geschichte der Klára Zách I + II« (1911) vertreten.

Im dritten Obergeschoss wird ungarische Kunst nach 1945 präsentiert. In den kommenden Jahren soll die Nationalgalerie in ein neues Museum im Stadtwäldchen umziehen, doch konkrete Termine gibt es noch nicht.

Der Matthias-Brunnen zeigt König Matthias als Jäger, der gerade einen stattlichen Hirsch erlegt hat. Und offenbar war er mit einer weiteren Waffe unterwegs, nämlich mit Amors Pfeil. Mehr dazu lesen Sie links.

Chancenlose Liebe

Nach dem Verlassen der Nationalgalerie führt ein Durchgang zum **Matthias-Brunnen** 3 von Alajos Stróbl (1904). Der berühmte Renaissance-König Matthias aus dem 15. Jh. ist hier als Jäger dargestellt. Rechts unten ist die ›schöne Ilona‹ zu erkennen. Die einfache Frau aus dem Volk verliebt sich in den fremden Jäger. Doch als sie erkennt, dass dies der König ist, stirbt sie vor Gram, weil ihre Liebe chancenlos ist.

Stadtgeschichte

Durch das Löwentor gelangen Sie in den Innenhof des Schlosses. Dort befindet sich gleich rechts der Eingang zur **Széchényi-Nationalbibliothek** 4. Am hinteren Ende des Innenhofs ist im Südflügel des Schlosses das **Budapester Historische Museum/Burgmuseum (Budapesti Történeti Múzeum/Vármúzeum)** 5 untergebracht. Hier wird die Stadtgeschichte anschaulich nachvollzogen. Interessant sind die wenigen wiederhergestellten Teile des mittelalterlichen Palastes.

Staatspräsident und Beethoven

Am Ausgang des Burggartens befindet sich neben der Bergstation des Sikló die Residenz des Staatspräsidenten im **Sándor-Palais (Sándor palota)** 6. Nach dem politischen Ausgleich mit Österreich im Jahr 1867 residierten in dem 1806 von Mihály Pollack entworfenen Palast bis 1944 die ungarischen Ministerpräsidenten. Nach dem Zweiten Weltkrieg lag es lange verwaist. In seiner ersten Regierungszeit 1998 bis 2002 plante Ministerpräsident Orbán hier seinen Amtssitz einzurichten, doch nach seiner Abwahl zog 2002 der Staatspräsident in das repräsentative Palais im Burgviertel ein.

Neben dem Sándor-Palais befindet sich das **ehemalige Karmeliterkloster** 7. Nach der Aufhebung des Klosters durch Kaiser Joseph II. fand hier 1790 die erste Theateraufführung in ungarischer Sprache statt und 1800 gab Ludwig van Beethoven ein viel beachtetes Gastkonzert. Bei Redaktionsschluss war ein großer Umbau für die Staatskanzlei von Ministerpräsident Orbán fast abgeschlossen, denn der machtbewusste Regierungschef möchte ebenfalls ins Burgviertel ziehen.

Hinter dem zum Ausstellungszentrum umgewandelten **ehem. Verteidigungsministerium** 8 ist dann der **Dísz tér (Paradeplatz)** 9 erreicht. Hier befindet sich der Übergang zwischen dem repräsentativen Schlossbezirk und der malerischen Bürgerstadt des Burgviertels.

ÜBRIGENS

Jeden Tag zwischen 10 und 17 Uhr findet jeweils zur vollen Stunde vor der Flügeltür des Sándor-Palais neben dem Eingang zur Standseilbahn eine zeremonielle ›Wachablösung‹ statt.

→ **UM DIE ECKE**

Direkt unterhalb des Burgschlosses erstreckt sich zur Donau hinab der **Burggarten-Basar (Várkert Bazár)** 10. In der Zeit von 1875–83 von dem ungarischen Architekten Miklós Ybl entworfen, wurde die prächtige Palast- und Gartenanlage vor wenigen Jahren aus ihrem Dornröschenschlaf erweckt und u. a. für Ausstellungen hergerichtet. Auf dem Weg vom oder zum Burgschloss lohnt sich ein Abstecher, denn unterwegs passiert man auch alte Burgtore und Wehranlagen. Eine Rolltreppe sowie Fahrstühle kürzen den Weg bei Bedarf ab. Der untere Eingang befindet sich am Ybl Miklós tér, wo sich auch ein Schiffsanleger befindet.

Durch die Gassen der Altstadt – **das Burgviertel**

3

Welch ein Gegensatz: Rund um die königliche Matthiaskirche und die verspielte Fischerbastei tummeln sich zu jeder Tageszeit große Touristenscharen. Doch wenige Meter weiter herrscht in den historischen Gassen des Burgviertels barocke Idylle pur. Einige schöne Cafés und Restaurants laden zum Verweilen ein.

Bitte Platz nehmen! Für eine kurze Pause, bevor Sie den Turm besteigen. Die filigrane Außenfassade der Matthiaskirche erstrahlt seit ihrer gründlichen Renovierung wieder im alten Glanz.

Mit dem Bau der königlichen Residenz auf dem Burgberg oberhalb der Donau entstand ab Mitte des 13. Jh. im Bereich nördlich des Dísz tér auch

Franz Liszt hatte 1867 die »Ungarische Krönungsmesse« eigens für die ungarische Krönung von Kaiser Franz Joseph und Kaiserin ›Sisi‹ komponiert. Eine zeitgenössische Anekdote besagt, dass die lauten »Vivat Ferenc«-Rufe vor der Kirche dem beliebten Komponisten galten und nicht dem seit der blutigen Niederschlagung des Freiheitskampfes von 1848/49 noch immer unpopulären Kaiser. .

eine Bürgerstadt. Ungarn, Deutsche, Italiener und Juden kamen nach Buda. 1541 machten die Osmanen die Stadt zum Sitz eines Paschas. Nach dem barocken Wiederaufbau waren von 1867 bis zum Zweiten Weltkrieg viele Ministerien und Botschaften hier angesiedelt. Ministerpräsident Orbán plant aktuell für das Burgviertel die Rückkehr vieler Ministerien, was für die kommenden Jahre in dem malerischen Viertel große Veränderungen bedeutet. Viele Häuser sind privat bewohnt.

Unterwelt und Biedermeier-Café

Vom **Dísz tér (Paradeplatz)** 1 führen in nördlicher Richtung alle Wege durch die Bürgerstadt zur Matthiaskirche. Am schönsten ist der Spaziergang durch die barocke Úri utca (Herrengasse), vorbei am Eingang zum unterirdischen **Labyrinth (Labirintus)** 2, einem weitverzweigten unterirdischen Gangsystem quasi im Keller des Burgviertels. Wieder am Tageslicht lohnt in der Szentháromság utca eine Kaffeepause im stimmungsvollen Biedermeier-**Café Ruszwurm Cukrászda** 2: Das kleine gemütliche Wohnzimmercafé wurde 1827 gegründet – das älteste in Ungarn. Allerdings ist es oft schwer, überhaupt einen Platz zu ergattern.

Königliche Matthiaskirche

Nun laufen Sie direkt auf die bedeutendste Sehenswürdigkeit des Burgviertels zu, die **Matthiaskirche (Mátyás templom)** 3. Nach der umfassenden Renovierung leuchten die bunten Zsolnay-Dachziegel wieder und das Wappentier von Namengeber Matthias Corvinus, d. h. ›der Rabe‹, kündet von der königlichen Verbindung. Ursprünglich war sie als ›Liebfrauenkirche‹ geistlicher Mittelpunkt der starken deutschen Gemeinde in Buda. Hier ließ sich König Matthias 1461 und 1476 vermählen. Später war das Gotteshaus als Moschee dem osmanischen Sultan Süleiman gewidmet, bevor sie Ende des 18. Jh. zur Pfarrkirche wurde.

Krönungskirche

Am 8. Juni 1867 schlug die vielleicht größte Stunde des Gotteshauses, als Kaiser Franz Joseph und Kaiserin Elisabeth (›Sisi‹) im Rahmen des österreichisch-ungarischen Ausgleichs mit der Stephanskrone feierlich als König und Königin von Ungarn gekrönt wurden.

INFOS/ ÖFFNUNGSZEITEN

Touristeninformation: Tarnók utca 15 (Szentháromság tér), tgl. 10–18 Uhr

Labyrinth **2**: Úri utca 9, www.labirin tus.eu, tgl. 10–19 Uhr, 2500/2000, unter 12 Jahren 600 HUF

Matthiaskirche **3**: Szentháromság tér 2, www.matyas-templom.hu, Mo–Fr 9–17, Sa 9–12, So 13–17 Uhr, 1500/1000 HUF, die Turm-Besteigung kostet noch einmal dasselbe.

Fischerbastei **4**: Szentháromság tér, www.budavar.hu/halaszbastya. Von Mitte März bis Okt. ist der Zugang zur oberen Etage der Fischerbastei zwischen 9 und 20 Uhr kostenpflichtig: 1000/500 HUF.

Musikhistorisches Museum **5**: Táncsics Mihály utca 7, http://zti.hu/ index.php/en/museum, Di–So 10–16 Uhr, 600/300 HUF

Mittelalterliches Jüdisches Gebetshaus **6**: Táncsics Mihály utca 26, www. btm.hu, Mai–Okt. Mi–So 10–18, Nov.– April Mi–So 10–14 Uhr, 800/400 HUF

Buda Tower/Maria-Magdalena-Kirche **8**: Kapisztrán tér 6, www.buda tower.hu, März–Dez. tgl. 10–18 Uhr (bzw. bis zum Beginn der Dämmerung), Jan./Febr. nur Sa/So geöffnet, 1500/900 HUF

Kulinarisches für zwischendurch
Für eine Kaffeepause im Burgviertel lohnt sich der Weg ins **Korona Kávéház** **1** (▶ S. 26) oder in die historische **Ruszwurm Cukrászda** **2** (Szentháromság utca 7, T 1 375 52 84, www.ruszwurm.hu, April–Okt. tgl. 10–19, sonst 10–18 Uhr). Unter den anspruchsvolleren Restaurants ist das **Pest-Buda** **3** (Fortuna utca 3, T 1 225 03 77, www.pest-buda.com, tgl. 12–24 Uhr, Hauptgerichte ca. 2900–5500 HUF) eine verlässliche gastronomische Oase.

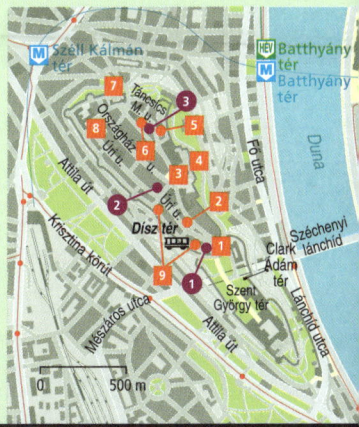

Cityplan: B/C 3/4 | **Bus** 16, 16A, 116: Dísz tér

Im Hochgefühl des Ausgleichs und der Vereinigung der Stadt Budapest 1873 beauftragte man Frigyes Schulek mit einer Neugestaltung der Kirche. Erst damals wurde die Kirche auch nach König Matthias benannt. Die letzte Krönung fand 1916 vor dem von Schulek gestalteten prunkvollen Hochaltar statt, als der Habsburger-Kaiser Karl zum ungarischen König gekrönt wurde.

Umfassende Restaurierung

Die letzte Renovierung hat auch die farbenfrohe Innenbemalung wieder voll zur Geltung gebracht. Sie betreten die Kirche durch das durch das Braut-Tor. Gleich zur Rechten befindet sich der Hochaltar, zur Linken das prächtige gotische Marienportal sowie am Westportal eine mit zwei Figuren verzierte Säule aus dem 13. Jh. Ein Fresko zeigt, wie der Papst 1456 das bis heute in katholischen Kirchen übliche Mittagsläuten verfügt, um den ungarischen Kampf gegen osmanische Truppen zu unterstützen. Im Obergeschoss ehren Sisi und Franz Joseph die Jungfrau Maria, während sich die angeschlossene Stephanskapelle ganz den ungarischen Heiligen widmet, allen voran dem Staatsgründer König Stephan. Bei schönem Wetter lohnt auch die Besteigung des Kirchturms (nur in Gruppen zur vollen Stunde).

Romantische Fischerbastei

Unmittelbar nach Fertigstellung der ›neuen‹ Matthiaskirche beauftragten die Stadtväter Schulek, zur Donauseite noch ein weiteres Bauwerk zu errichten, das an das 1000-jährige Jubiläum der magyarischen Landnahme im Karpatenbecken erinnern sollte. Schulek löste die Aufgabe mit der verspielt romantischen **Fischerbastei (Halászbástya)** 4 . Die sieben Türmchen symbolisieren die sieben Magyaren-Stämme, der Name der Bastei verweist auf die Fischer, die einst diesen Abschnitt der Burgmauer verteidigen sollten. Das Ganze hat etwas Märchenhaftes, besonders am Abend, wenn alles festlich angestrahlt ist. Und von hier oben genießt man einen herrlichen Panoramablick über die Donau hinüber zum Parlament. Eine Prunktreppe führt hinab in die Wasserstadt (Víziváros).

Zum Wiener Tor

Vorbei am architektonisch umstrittenen Neubau des Hilton-Hotels führt der Weg in die schmalen Gassen des Burgviertels. Die Táncsics Mihály utca ist besonders malerisch und abwechslungsreich: In Nr. 7 sticht rechts das herrschaftliche Erdődy-Palais mit dem **Musikhistorischen Museum (Zenetörténeti Múzeum)** 5 hervor. Hier wird die ungarische Musik seit dem 18. Jh. präsentiert, u. a. mit einem Schwerpunkt zum Komponisten Béla Bartók. Zusammen mit seinem Kollegen Zoltan Kodály zeichnete er zu Beginn des 20. Jh. auf zahlreichen Reisen ungarische Volkslieder auf und bewahrte sie so vor dem Vergessen. Gelegentlich gibt es unter der Woche frühabends Konzerte im Museum.

ÜBRIGENS

Mitte der 1930er-Jahre besuchte Thomas Mann, der damals schon im Exil lebte – gleich dreimal den Zuckerfabrikanten und Literaturförderer Lajos Hatvany, der am **Bécsi kapu tér** wohnte. Mann pflegte enge Beziehungen zu ungarischen Literaten. So hatte der Literaturnobelpreisträger 1923 für Dezső Kosztolányi ein Vorwort für dessen Roman »Nero« verfasst. Eine Gedenktafel neben dem Eingang informiert, dass auch Klaus Mann, Franz Werfel und Béla Bartók hier zu Gast waren.

In Nr. 26 sind links die Reste eines **Mittelalter-lichen Jüdischen Gebetshauses (Középkori Zsidó Imaház)** 6 zu bewundern. Alte jüdische Grab-platten und Reste hebräischer Deckeninschriften verweisen auf das ehemalige Judenviertel, das sich hier befand. Am Bécsi kapu tér erreichen Sie schließlich das **Wiener Tor** 7.

Malerische Herrengasse

Der Turm der im Zweiten Weltkrieg (1944) zer-störten **Maria-Magdalena-Kirche** 8 kann am Ka-pisztrán tér als **Buda Tower** bestiegen werden. An dem Platz zweigt auch die vielleicht stim-mungsvollste Gasse des Burgviertels ab, die Úri utca (Herrengasse). Historische Stadtpaläste und mittelalterliche Baureste sorgen für ein idyllisches Flair. Eine Besonderheit sind die gotischen Sitzni-schen, die z. B. in den Tordurchgängen von Nr. 32 und 40 zu erkennen sind.

Zum Abschluss des kleinen Spaziergangs geht es durch die Szentháromság utca rechts zur Wallpromenade **Tóth Árpád sétány** 9. Mit dem herrlichen Blick in die Budaer Berge gelangen Sie zurück zum Dísz tér.

Die Fischerbastei ist eine richtige Verwandlungs-künstlerin – je nach Perspektive. Von unten beeindruckt sie als hoch-aufragende Bastion, von Nahem wirkt sie fast disneymäßig. Beson-ders schön aber ist sie morgens in aller Ruhe bei Sonnenaufgang.

Von Bischöfen, Hexen und Habsburgern – **der Gellértberg**

Markant ragt der weiße Dolomitfelsen des Gellértbergs (Gellérthegy) am Donauufer empor. Der Name verweist auf den Chefmissionar des ersten ungarischen Königs. Auf dem strategisch günstigen Gipfel erbauten die Habsburger später ihre Zitadelle. Heute werden Besucher mit einem beeindruckenden Panoramablick für den steilen Aufstieg entlohnt.

Der hl. Gellért, dessen missionarische Botschaft seinerzeit nicht bei allen Ungarn Anklang fand, ist der Namensgeber des Gellértbergs. Der Märtyrer mahnt die Budapester bis heute mit dem Kreuz in der Rechten.

Der bewaldete Hügel des Gellérthegy lädt zu einer ausführlichen Erkundung ein. Vor 150 Jahren wuchs sogar Wein an seinen Hängen. Doch der Gellértberg offenbarte immer wieder auch eine andere, dunkle Seite. So galt er im Mittelalter als berüchtigter Hexentreffpunkt – bis ins 18. Jh. hinein gab es vor Ort sogar Hexenprozesse. Damals hieß der Hügel auf Deutsch ›Blocksberg‹.

Chefmissionar des Königs

Oberhalb des **Rudas-Heilbads (Rudas gyógyfürdő)** **1** grüßt vom **Gellért-Denkmal** **2** Bischof Gellért (dt. Gerhard) mit seinem Kreuz schwungvoll über die Donau hinweg, so als wolle der Kirchenmann immer noch die Ungarn missionieren. Er fand ein sehr unrühmliches Ende. Der Chefmissionar von König Stephan I. soll 1046 bei einem antichristlichen Aufstand vom Berg in die Donau gestürzt worden sein.

Gellért stammte aus Venedig und war ein enger Vertrauter des Königs. So unterrichtete er den Thronfolger Emmerich (Imre) und wurde zum Dank zum Bischof von Csanád befördert. Bereits im Jahr 1083 erklärte man ihn, zusammen mit König Stephan und Prinz Emmerich, zu den ersten Heiligen Ungarns. Der Legende nach wurde über Gellérts Grab der Vorläuferbau der Innerstädtischen Pfarrkirche in Pest (▶S. 44) errichtet.

Eine strategische Lage

Ein schöner, wenn auch etwas mühsamer Aufstieg führt quer durch den Wald zum 235 m hohen Gipfel. Auf dem Bergplateau legten die keltischen Erawisker die erste dauerhafte Siedlung auf dem heutigen Budapester Stadtgebiet an. Auch die Römer nutzten den Berg zur Verteidigung. Bis in die zweite Hälfte des 19. Jh. wurde an den Hängen Wein angebaut, doch fiel der gesamte Weinanbau bis hinauf ins Donauknie der Reblaus zum Opfer.

Mächtige Zwingburg

Beherrscht wird der Gellértberg von der mächtigen **Zitadelle (Citadella)** **3**. Die Habsburger errichteten die Zwingburg nach der gescheiterten Revolution 1848/49, um das ›unbotmäßige‹ Pest-Buda besser kontrollieren zu können. Ende des 19. Jh. kaufte dann die Stadt das überflüssig gewordene Wahrzeichen der österreichischen Repression und ließ einen Teil der Mauer symbolisch schleifen. Allerdings wurde die Zitadelle 1944/45 nochmals von der deutschen Besatzung als Stützpunkt genutzt und stand im Zentrum heftiger Kämpfe. Seither ist es rund um die Zitadelle sehr friedlich und Besucher können den grandiosen Ausblick vom verkehrsberuhigten Weg rund um

F
FEIERTAG

Jedes Jahr am 20. August wird auf dem Gellértberg ein riesiges Feuerwerk veranstaltet. Dies ist der traditionelle Höhepunkt des Nationalfeiertags zu Ehren des Staatsgründers König Stephan (ungar. István, reg. 997–1038). Den besten ›Logenplatz‹ für das grandiose Feuerwerk finden Sie entlang der Pester Donaupromenade – allerdings wird es dort sehr voll.

Gemischtes Doppel: Alt und Jung vereint im Genuss des Donau-panoramas.

die ehemaligen Festungsanlage in Ruhe genießen. Nach Norden fällt der Blick auf den Burgberg und die Donau Richtung Parlament, nach Osten über den Fluss hinweg nach Pest, im Süden erstrecken sich die Budaer Vororte.

Lady Liberty auf Ungarisch: die Freiheitsstatue

An der steil zur Donau abfallenden Felswand vor der Zitadelle wurde im Jahr 1947 eine 14 m hohe **Freiheitsstatue (Szabadság szobor)** 4 zum Gedenken an die Befreiung von Faschismus und Krieg errichtet. Die Entwürfe stammten von Zsigmond Kisfaludi Strobl, der noch während des Zweiten Weltkriegs mit einem Denkmal für den verstorbenen Sohn des Reichsverwesers Miklós Horthy beauftragt worden war. Nach der Kriegsniederlage wurde der Auftrag kurzer Hand den neuen politischen Erfordernissen angepasst.

Weithin sichtbar auch nachts im Licht der Scheinwerfer: die Freiheitsstatue. Die Budapester Statue of Liberty hält einen Palmwedel in die Höhe.

Ein weiterer historischer Wendepunkt prägte das Denkmal: Nach dem Ende der kommunistischen Herrschaft galt der schwer bewaffnete sowjetische Soldat, der damals auf dem Sockel unterhalb der Frau mit dem Palmenzweig stand, als Symbol dafür, dass die 1945 erlangte Freiheit nur relativ gewesen war. Wie andere Skulpturen aus der Zeit des Sozialismus siedelte man den

Rotarmisten deshalb nach 1990 in den Memento Park (▶S. 79) um und entfernte ebenso die Reliefs aus dieser Zeit.

Eine Kapelle im Felsen

Von der Freiheitsstatue aus geht es im Zick-Zack auf der Südseite den Berg hinunter. Ein sehr schöner Park erstreckt sich fast bis zur Donau. Am unteren Ende der Kelenhegyi út befindet sich gegenüber vom Eingang zum Gellért-Heilbad die **Felsenkapelle (Szikla templon)** 5. Vorbei an einem modernen Denkmal für König Stephan gelangt man durch eine Naturhöhle ins Innere der Kapelle, die z. T. aus dem Felsen gesprengt wurde. Sie gehört dem Paulinerorden und ist hauptsächlich der Madonnenanbetung gewidmet. Die Pauliner sind der einzige in Ungarn gegründete katholische Orden.1926 fand in der Höhle der erste Gottesdienst statt, später kam ein kleines Kloster hinzu. Während des Zweiten Weltkriegs beteten hier auch polnische Flüchtlinge, und daran erinnert eine kleine polnische Kapelle im hinteren Teil des Gotteshauses. Unter den Kommunisten war die Felsenkirche geschlossen, doch seit 1989 wird sie wieder für den Glaubensdienst genutzt.

Beim **Gellért-Heilbad (Gellért gyógyfürdő)** 6 am Szent Gellért tér ist der Endpunkt der Tour erreicht.

Ohne Pathos geht es nicht bei Budapester Denkmälern, auch nicht auf dem Gellértberg – und der Abendhimmel steigert die Dramatik: Die Flamme der Freiheit wird nach Budapest überbracht.

INFOS/ÖFFNUNGSZEITEN

Wer ohne langen Fußanstieg auf den Gellértberg möchte, nimmt von der Metrostation Móricz Zsigmond körtér (Metro 4) in der Villányi út den **Bus 27** zur Haltestelle Búsuló Juhász (Citadella); von dort fast ebenerdiger Zugang zur Zitadelle.
Zitadelle 3: Bei Redaktionsschluss war der Zutritt wegen eines Rechtsstreits weiter versperrt. Vor der Tür befinden sich aber Souvenir- und Imbissstände, und die Umrundung der Zitadelle ist frei.
Felsenkapelle 5: Kelenhegyi út/Szent Gellért tér, Mo–Sa 9.30–19.30 Uhr, 600/500 HUF (inklusive Audioguide dt./ engl.)

Cityplan: D/E 6 |Tram 19, 41, 56, Bus 7, 107: Rudas gyógyfürdő

5

Baden von Orient bis Jugendstil – **Gellért- und Rudas-Heilbad**

Budapest ist eine Wellnessmetropole mit Hang zum Ungewöhnlichen. Zwei prächtige Thermalbäder an der Donau stammen noch aus der osmanischen Zeit im 16. Jh., während das berühmte Gellért-Heilbad ein Triumph des Jugendstils ist. Vergessen Sie die Hektik der Großstadt!

›Bad Budapest‹? Leicht verwundert nimmt man zur Kenntnis, dass Budapest seit 1924 staatlich anerkanntes Heilbad ist. Nicht weniger als 123 Thermalquellen sprudeln im Stadtgebiet und stellen den größten Naturschatz der ungarischen Hauptstadt dar. Die Bäder entlang der Donau sind echte Schmuckstücke. Was kann schöner sein, als unter einer künstlichen Sternenkuppel im 36 °C warmen Thermalwasser zu liegen oder sich in einem eleganten Jugendstil-

Die palastartige Schwimmhalle des Gellért-Heilbades ist ein lichtdurchflutetes Prunkstück der Jugendstil-Architektur.

bad unter Löwenfontänen vom Stress des Alltags zu erholen?

Die ›wasserreiche‹ Stadt

Schon die Kelten wussten um die heilenden heißen Quellen entlang der Donau. Und die nach-
folgenden Römer waren ausgewiesene Bade-
freunde. Sie benannten ihre Provinzhauptstadt
Aquincum nach dem keltischen *ak ink* (wasser-
reich). Die Reste des großen Bades am Flórián tér
in Óbuda sind ein Zeugnis der römischen Well-
nessaktivitäten. Bedauerlicherweise liegen die
Ruinen heute unter einer großen Straßenbrücke
aus Beton. Nach dem Abzug der Römer belebte sich das Badegeschäft erst wieder im späten
Mittelalter: Renaissancekönig Matthias pflegte
im 15. Jh. die Badekultur. Es heißt, der Monarch
habe sogar einen unterirdischen Geheimgang
von der Burg ins Rác-Bad gehabt. Dieses Bad ist
leider seit Jahren trotz Renovierung geschlossen.
Die Türken legten im 16. Jh. einige der schönsten
Badehäuser in Buda an und Anfang des 20. Jh.
folgten im allgemeinen Bauboom großartige Ba-
depaläste, wo das Entspannen im Thermalwasser
regelrecht zelebriert wird.

Eleganz im Jugendstil

Eine herausragende Rolle nimmt dabei das
Gellért-Heilbad (Gellért gyógyfürdő) **1** ein.
Schon im Mittelalter gab es auf der Südseite des
Gellértbergs Badeanlagen. Damals muss die Sa-
che aber recht matschig gewesen sein, denn das
Bad hieß Sáros fürdő (Schlammiges Bad). Doch
mit der Eröffnung des wuchtigen Gellért-Ho-
tels im Jahr 1918 änderte sich das Badeerleb-
nis grundlegend, denn an das Hotel wurde ein
prächtiges Jugendstilbad angebaut. Schon beim
Eintritt in der Kelenhegyi út fällt das elegante
Ambiente ins Auge. Die Schwimmhalle wirkt
wie ein Palast oder Tempel: Hohe Säulen – mit
exotischen Pflanzen, Fischen und Seepferdchen
verziert – tragen die Balkone im ersten Stock.
Wasserspeiende Fabeltiere sorgen für frisches
Wasser, das Sprudelbad wurde 1927 installiert.
Ganz eindeutig: Hier fühlt sich der Badegast wie
ein König. Durch kleine Seitentüren gelangen
Frauen und Männer in getrennte Thermalbä-
der. Gedämpftes Licht und sanftes Wasserplät-

ÜBRIGENS

In den meisten **Thermal-
bädern** wird der Zugang
heute mit Magnetarm-
bändern gewährt, die
auch als Schloss für die
Kleiderschränke dienen.
Zu gemischtgeschlechtli-
chen Badezeiten herrscht
grundsätzlich Beklei-
dungszwang. In den
reinen Schwimmbecken
müssen z. T. Badekap-
pen getragen werden.
Spartipp: Manche Bäder
gewähren unter der
Woche vormittags (z. B.
das Rudas) oder ab
dem späten Nachmittag
Preisnachlässe. Das
Lukács-Heilbad ist für
Inhaber der Budapest
Card sogar komplett
kostenlos.

schern empfangen Besucher, auch hier speien Tierköpfe heißes Wasser in die beiden Becken mit 36 bzw. 38 °C Wassertemperatur. Auf den Brunnen thronen Putten mit Schildkröten. Die Wände sind mit blaugrünen Kacheln und Mosaiksteinchen rundum verziert, während sich über den Durchgängen ungeniert Puttenpärchen umarmen und küssen. Die herrlichen Thermalbäder bilden eine Welt für sich.

Türkischer Badetempel

Von der luftigen Höhe des Jugendstils geht es wenige hundert Meter weiter nördlich an der Donaupromenade in die schummrige Dunkelheit des **Rudas-Heilbades (Rudas gyógyfürdő)** **2**.

ÖFFNUNGSZEITEN

Gellért-Heilbad **1**: Kelenhegyi út 4, www.spasbudapest.com, tgl. 6–20 Uhr (tgl. gemischtgeschlechtlich), Tageskarten Mo–Fr 5600 HUF, Sa/So 5800 HUF.
Rudas-Heilbad **2**: Döbrentei tér 9, www.spasbudapest.com, Mo, Mi 6–18, Do–Fr 6–20 (nur Männer), Di 6–20 (nur Frauen), Sa, So 6–20, Fr, Sa 22–4 Uhr (gemischt), Tageskarten Thermalbad Mo–Fr 3500 HUF, Sa/So 4000 HUF, nachts 5100 HUF, Mo–Fr 8.30–12 Uhr 2800/erm. 2150 HUF

WEITERE BÄDER

Ein weiteres original türkisches Bad aus dem 16. Jh. ist das **Király-Heilbad** (Király gyógyfürdő), ⌂ C 2, Fő utca 84, www.spasbudapest.com, tgl. 9–21 Uhr, Tageskarte 2800 HUF (Mo–Fr 9–12 Uhr 1700 HUF) in der Budaer Wasserstadt unweit der Metro-Station Batthyány tér. Hier gibt es nur gemischtgeschlechtliche Badetage mit Badekleidung.
Etwas weiter nördlich ist das **Lukács-Heilbad** (Lukács gyógyfürdő), ⌂ C 1, Frankel Leó utca 25–29, www.spasbudapest.com, tgl. 6–22 Uhr, ein weiteres beliebtes Thermalbad. Die Dankestafeln an den Außenwänden gehen auf zufriedene Kurgäste zurück. Tageskarten Mo–Fr 3700 HUF, Sa/So 3900 HUF, ab 18 Uhr 2900 HUF, für Inhaber der Budapest Card Eintritt frei. Beide Bäder sind mit Tram 19 und 41 am Budaer Donauufer leicht zu erreichen.
Auf der Margareteninsel öffnet im Sommer das weitläufige **Freibad Palatinus Strandfürdő** (▶ S. 74) seine Pforten, während im Stadtwäldchen das palastartige **Széchenyi-Heilbad** (Széchenyi gyógyfürdő, ▶ S. 69) zu den schönsten Bädern der Stadt zählt.

Cityplan: D/E 6/7 | **Metro** 4, **Tram** 19, 41, 47, 49, 56: Szent Gellért tér, **Tram** 19, 41, 56, **Bus** 7, 107: Rudas gyógyfürdő

Schon bald nach der Besetzung Budas 1541 gingen die osmanischen Paschas daran, fernab des Bosporus herrliche Badetempel zu errichten, um sich gemütlich entspannen zu können. Unter einer hohen Sternenkuppel liegt im krypta-ähnlichen Halbdunkel das zentrale Becken mit rund 36 °C warmem Wasser. Das leise Gemurmel der Besucher und das Plätschern des Wassers in den unterschiedlich warmen Bassins hallt von den niedrigen Decken wider. Genießen Sie das Badevergnügen wie einst die türkischen Statthalter: Im Rudas sind Sie der Umwelt total entrückt.

Seit der Renovierung 2005 hat sich die etwas biedere Atmosphäre der Altherrenrunden früherer Tage mächtig verändert: Es gibt inzwischen Frauen- und gemischte Badetage, nächtliche Wochenendöffnungszeiten und gelegentlich sogar Disconächte im osmanischen Ambiente. 2014 wurde zudem ein neuer Wellness-Flügel eröffnet mit einem Pool auf dem Dach. Das Rudas ist ein echtes Erlebnis!

Schummriges Halbdunkel wie im 16. Jh.: unter der zentralen Kuppel des Rudas-Bades herrscht eine wunderbare Atmosphäre fürs entspannende Badevergnügen. So liebten es schon die osmanischen Erbauer des Heilbades.

6

Paprika und Porzellan – **Shoppen rund um die Váci utca**

Budapests lebhafte Fußgängerzone Váci utca ist das Shopping-Herz der Hauptstadt. Neben international bekannten Marken haben sich an der Flaniermeile und in den Seitengassen auch interessante Spezialgeschäfte angesiedelt – und die Zentrale Markthalle an ihrem südlichen Ende ist für Genießer ein unbedingtes Muss.

Vom Vörösmarty-Platz verläuft die Shopping-meile Váci utca schnur-stracks bis zur Zentralen Markthalle: Achtung, Budget vorher prüfen!

Der Schriftsteller Gyula Krúdy (1878–1933) nannte die Váci utca einst »die schönste Straße Ungarns«. Heute ist die gesamte Straße zwischen dem Vörösmarty tér im Norden und dem Fővám tér im Süden eine langgestreckte Shoppingmeile, wobei im Nordteil eher die internationalen Modemarken dominieren und im Südteil kleinere Geschäfte und touristische Cafés/Restaurants.

Zentrale Markthalle

Schon früh morgens erwacht die größte Budapester Markthalle unter einer luftigen Stahlkon-
struktion zu quirligem Leben. Ständig gehen
Kunden mit prallgefüllten Taschen ein und aus.
Obst, Gemüse, Fleisch, Brot und Kuchen gehen
über die Ladentheken. Auch typisch ungarische Produkte wie Paprika und Salami dürfen
nicht fehlen. Die **Zentrale Markthalle (Központi
Vásárcsarnok) 1** bietet auf über 10 000 m² Ver-
kaufsfläche frische und günstige Lebensmittel
aus der Region, für die Touristen eine reine
Augenfreude. Probieren Sie doch mal eine der
herrlichen Strudelsorten (Strudel = *rétes*), ein
mit Knoblauch oder Sauerrahm bestrichenes
Lángos–Fladenbrot oder wie wäre es mit einer
Wintersalami für daheim?

Eingeweiht wurde die
nach Plänen von Samu
Pecz erbaute Markthalle
1897. Sie ist auch als
Nagy Vásárcsarnok (Gro-
ße Markthalle) bzw. nach
ihrer Adresse als Vámház
körúti Vásárcsarnok
bekannt. Ursprünglich
hatte sie sogar einen
Gleisanschluss und war
über einen Stichkanal mit
der Donau verbunden.
Typisch sind auch die
bunten Dachziegel der
Firma Zsolnay aus Pécs.

Bummel durch die Váci utca

Nach diesem ersten Shopping-Highlight geht
es gemütlich durch die Váci utca nach Norden.
Lassen Sie sich einfach treiben. Zwar geht es in
der Fußgängerzone ziemlich touristisch zu, aber
Sie passieren trotz allem mehrere interessante
kleine Fachgeschäfte: In Nr. 50 übersieht man
schnell den schmalen unkonventionellen Hutla-
den **V 50** der Modedesignerin Valéria Fazekas.
Um die Ecke präsentiert die **Eventuell Galéria 2**
farbenfrohe Textilien (Kissen, Vorhänge, Stoffe)
und Accessoires von ungarischen Designern.
Gleich nebenan designt Marta Schulteisz in ihrer Boutique **Kamchatka** fesche Mode und
Accessoires.

Auf der nördlichen Seite der breiten Stra-
ßenzufahrt zur Elisabethbrücke bietet rechts im
Haris köz 2 und 6 der kleine Laden **Vass** maß-
gefertigte, handgearbeitete Schuhe. László Vass
genießt auch international einen exzellenten Ruf
für seine hochwertigen Schuhe.

Ist Ihnen im Winter kalt an den Händen?
Dann lohnt vielleicht ein Blick in das Handschuh-
geschäft **Ékes Kesztyű** *(kesztyű* = Handschuh)
wenige Schritte rechts in der Régi posta utca
14. Der Traditionsbetrieb ist seit Generationen
in Familienhand. Gleich nebenan in Nr. 12 bietet
der **Népművészeti Bolt** ungarische Volkskunst
von Textilien über Schwarzkeramik bis zu den
bunten Habaner Keramiken.

Ein Porzellanladen für Könige – bei Herend sind auch die Preise königlich, aber Anschauen kostet ja nichts …

Schicker Platz: Vörösmarty tér

Am nördlichen Ende öffnet sich die Váci utca schließlich zum **Vörösmarty tér** **2**. Der zentrale Platz ist im Sommer Schauplatz von Open-Air-Veranstaltungen und rund um das Denkmal für den romantischen Dichter Mihály Vörösmarty ist es besonders lauschig. Im Winter sorgt der Weihnachtsmarkt für gute Stimmung, zu Ostern ein Frühlingsmarkt.

Porzellan vom Feinsten

Ein Stückchen weiter liegt am József nádor tér 11 ein edles Porzellangeschäft: **Herend** **7**. Seit 1826 wird in dem kleinen Ort in Westungarn, dem ungarischen Meißen, handbemaltes Porzellan gefertigt. Schon Kaiser und Könige kauften hier ihr ›weißes Gold‹. Zu den berühmtesten Kundinnen zählten Queen Victoria und Kaiserin Sisi. Auch heute haben es die Preise für die exquisiten Stücke in sich.

Gleich nebenan verkauft die zweite berühmte Porzellanmanufaktur, **Zsolnay** **8**, ihre edle Ware, die sie seit 1865 im südungarischen Pécs produziert. Zsolnay wurde auch durch seine wunderbaren Jugendstilmotive und seine Baukeramik bekannt (▶ S. 102).

Um die Ecke werden bei **Ajka Kristály** **9** anspruchsvolle Kristall- und Glaswaren aus Ajka in Westungarn angeboten.

→ **UM DIE ECKE**

Ein kleiner Abstecher führt zum schönsten Platz der südlichen Innenstadt, dem verkehrsberuhigten **Egyetem tér (Universitätsplatz)** **3**. Im Schatten des prächtig restaurierten Hauptgebäudes der ELTE-Universität lässt sich gut ein Kaffee trinken, bevor man auch in die angrenzende barocke Universitätskirche einen Blick wirft.

Frisch renoviert ist die **Innerstädtische Pfarrkirche (Belvárosi Föplébániatemplom)** **4** am Március 15. tér. Die Kirche geht auf das 11. Jh. zurück, und es sind seltene Baureste des Römerlagers Contra Aquincum freigelegt worden. Die Kirche fällt vor allem durch ihre markante Mischung aus Gotik und Barock auf, sogar eine türkische Gebetsnische (Mihrab) findet sich noch.

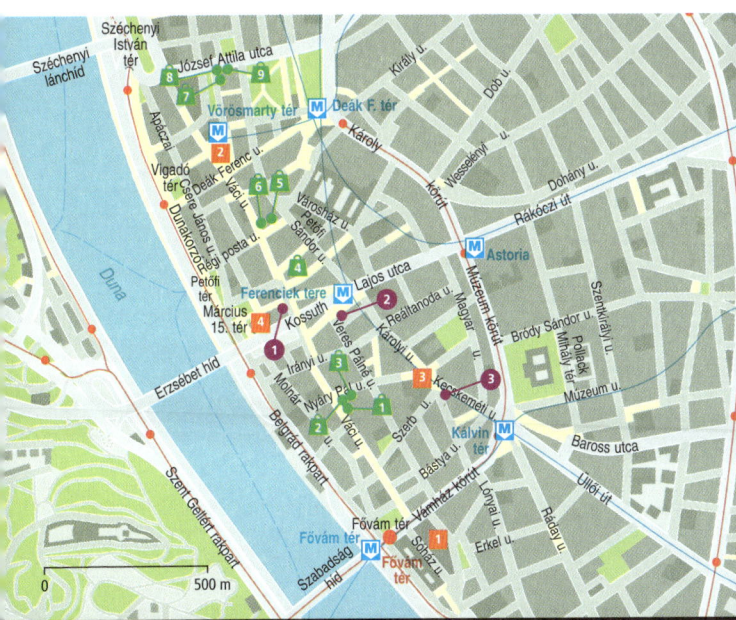

Cityplan: E5–F7 | **Metro** 4, **Tram** 2, 47, 49: Fővám tér, **Metro** 1: Vörösmarty tér

ÖFFNUNGSZEITEN

Normale Geschäftszeiten: Mo–Fr
10–18, Sa 10–15 Uhr
Markthalle 1: Mo 6–17, Di 6–18,
Sa 6–15 Uhr. Adressen ▸ S. 101
Innerstädtische Pfarrkirche 4:
Mo–Sa 10–16.30 Uhr, 1000/700 HUF,
So frei außerhalb Messen

KULINARISCHES FÜR ZWISCHENDURCH

Die Kaffeehäuser und Konditorei-Cafés
rund um die Váci utca sind genau das
Richtige (▸S.46) für Shoppingmüde.
Auch in der Zentralen Markthalle
bekommt man einen Snack. Einen typisch
ungarischen Baumstriezel gibt es bei
Molnár's Kürtőskalács 1 (Váci utca
31, ▸S.96), vegane Spezialitäten (u.a.
vegane Süßwaren) im **Napfényes Étterem és Cukrászda** 2 (Ferenciek tere 2,
Ecke Veres Pálné u./Curia u., ▸S.93),
leckere Falafel und mehr mit Blick auf den
schönen Uniplatz in der **Hummus Bar**

3 (Kecskeméti utca 1, www.hummusbar.
hu, Mo–Fr 11–22, Sa/So 12–22 Uhr,
Hauptgerichte 900–2400 HUF).

FUNDSTÜCKE

V50 1: Váci utca 50, www.valeriafaze
kas.com
Eventuell Galéria 2: Nyáry Pál utca 7,
http://eventuell.hu
Kamchatka 3: Nyáry Pál utca 7, www.
kamchatkadesign.com
Vass 4: Haris köz 2 und 6, www.vass-
shops.com
Ékes Kesztyű 5: Régi posta utca 14
Népművészeti Bolt 6: Régi posta
utca 12
Herend 7: József nádor tér 11, www.
herend.com
Zsolnay 8: József nádor tér 12, www.
zsolnaybudapest.com
Ajka Kristály 9: József Attila utca 7,
Filiale: Kossuth Lajos utca 10; http://
ajka-crystal.hu/hu/products

Literatur und süße Lust – **Kaffeehäuser und Konditoreien**

Zu Beginn des 20. Jh. gab es in Budapest nicht weniger als 500 Kaffeehäuser. Literaten und Künstler trafen sich hier. Seit einigen Jahren erleben die Kaffeehäuser eine kleine Renaissance. Schon immer beliebt waren die himmlischen Süßwaren der Budapester Konditoreidynastien. Hier findet sich für jeden Geschmack das Richtige – doch Achtung: die Kuchentheken können schnell süchtig machen!

Einst traf sich die High Society im Café Gerbeaud und die Kuchentheke wurde hoch gelobt. Heute ist die Auswahl klein und die Preise sind hoch – aber das Café ist noch immer eine Augenweide.

»Auf Magyaren, die Heimat ruft!« – dramatisch beginnt das Nationallied von Sándor Petőfi. In den aufgeheizten Zeiten nationalistischen Hochgefühls gärte Mitte des 19. Jh. in den Pester Kaffeehäusern die revolutionäre Stimmung. Legendär war das Café Pilvax an der Ecke Pilvax köz/ Kamermayer Károly tér. Hier soll Petőfi im März 1848 seine aufrüttelnde Botschaft erstmals vorgetragen haben, mit der er die Massen für die Revolution gegen die Habsburger begeisterte.

Später verloren die Kaffeehäuser in Budapest an politischer Bedeutung. Nun trafen sich hier Schriftsteller, Journalisten und die Bohème, um über Gott und die Welt zu reden oder an einem neuen Werk zu arbeiten. Für manche Literaten waren die Cafés Arbeits- und Wohnzimmer zugleich. Sie ließen sich sogar die Post in ihr Stammcafé liefern, da sie ohnehin nur selten zu Hause anzutreffen waren. Anfang des 20. Jh. boten die Kaffeehäuser einen idealen Nährboden für die schreibende Elite des Landes.

Traditionscafé Centrál

Zu den berühmtesten Literatencafés der vorletzten Jahrhundertwende gehörte neben dem Café New York das **Café Centrál** ❶, das seit seiner Wiedereröffnung 2000 ein kleines Revival der Budapester Kaffeehauskultur eingeläutet hat. Der hohe Saal und die großen Fenster vermitteln ein Gefühl von Weitläufigkeit, ja Weltoffenheit. In dem 1887 eröffneten Haus wurden wichtige ungarische Literaturzeitschriften gegründet und redigiert. Schriftsteller wie Sándor Márai gingen hier ein und aus. 1949 musste das Café, das den Kommunisten als Inbegriff ›bourgeoiser Dekadenz‹ galt, für mehr als 50 Jahre schließen. Nach der Wiedereröffnung wurde das Centrál schnell wieder zum beliebten Treffpunkt, auch wenn die Zeit der großen Kaffeehausliteraten vorbei ist.

Ein Hauch von Paris

Der Kamermayer Károly tér ist einer der schönsten Plätze der Innenstadt. Wo sich einst im Café Pilvax die Gemüter erhitzten, lädt heute vis-à-vis das moderne **Gerlóczy** ❷ zu einer Pause ein. Obwohl mitten in der Innenstadt, geht es in dem stilvollen Café-Restaurant eher beschaulich zu. Morgens erinnern die leckeren Croissants ein wenig an Paris. Mittags und abends gibt es ansprechende Bistroküche, dazu werden Käse- und Salamispezialitäten serviert. Die komfortablen Zimmer über dem Café ermöglichen sogar eine stilvolle Übernachtung. Das Gerlóczy ist ein Lichtblick in der Innenstadt!

Den Kaffee brachten die Osmanen mit nach Budapest. Im Ungarischen war das Gebräu als »schwarze Suppe« *(fekete leves)* bekannt. Da die Osmanen anscheinend knifflige Punkte erst beim Kaffee ansprachen, fürchteten sich die Gesprächspartner schon bald vor der »schwarzen Suppe« zum Nachtisch. So heißt es bis heute manchmal: »Hátra van még a fekete leves« (»die schwarze Suppe kommt noch«) – frei übersetzt: »das dicke Ende kommt noch«.

Eine weitere Kaffee-
hauslegende befindet
sich am Großen Ring:
Im 1891–94 erbauten
Café New York ❽
warfen bei der Eröffnung
einige Schriftsteller die
Schlüssel angeblich in
die Donau, damit das
Kaffeehaus niemals
schließen möge. Hier gin-
gen Künstler wie Thomas
Mann, Josephine Baker
oder Johann Strauß ein
und aus. Doch die Zeiten
haben sich geändert:
Zwar wurde das pracht-
volle Café 2006 glanzvoll
renoviert, doch damit
wurden auch der alte
Charme und die letzten
Künstler vertrieben. Die
Preise sind inzwischen
gehoben, doch der
Anblick lohnt sich noch
immer.
VII., Erzsébet körút 9–11,
www.newyorkcafe.hu

*Schicht um Schicht
ein Kunstwerk, fast zu
schade zum Anbeißen:
Gerbeaud-Schnitte*

Von der netten Terrasse, die mit ihren kleinen Stühlen den Pariser Vorbildern nachempfunden ist, kann man bei schönem Wetter in aller Ruhe die Umgebung in Augenschein nehmen: Zur Rechten grenzt das historische Rathaus, zur Linken das klassizistische Komitatshaus an den Platz und beide sorgen für entsprechendes Flair. Das **Rathaus (Városház)** wurde in der ersten Hälfte des 18. Jh. nach Plänen von Anton Erhard Martinelli im Barockstil errichtet und sollte Invaliden aus den Türkenkriegen beherbergen. Dagegen entstand das **Komitatshaus (Vármegyeháza)** in drei Bauabschnitten zwischen 1804 und 1841.

Konditorendynastien

Budapest ist die Stadt der Konditoreien. Sie bieten cremige und fruchtige Torten und verwöhnen in ihren Cukrászdák (Konditorei-Cafés) das Publikum mit süßen Kreationen jeder Art. Sehr erfolgreich ist die Familie Szamos, die u. a. am Vörösmarty tér in einer ehemaligen Bank die elegante Filiale **Szamos Gourmet Ház** ❸ betreibt. Szamos ist für feinste Kuchen und Pralinen bekannt. Traditionsreich ist auch das berühmte **Café Gerbeaud** ❹ ebenfalls am Vörösmarty tér. 1858 gegründet und eines der größten Kaffeehäuser Europas, ging hier einst die High Society ein und aus, und die heutigen Kuchenpreise sind inzwischen ebenfalls wieder überaus gesalzen.

Viel entspannter und einladender geht es an der belebten Kossuth Lajos utca hinter hohen Fensterscheiben in der **Auguszt Cukrászda** ❺ zu. Die Konditorenfamilie Auguszt ist bereits seit 1870 in der mittlerweile fünften Generation im Geschäft und besitzt damit einen der traditionsreichsten Betriebe der Stadt. Das helle, lichtdurchflutete Café ist eine Oase der Ruhe im sonst so hektischen Treiben der Innenstadt. Zu den hauseigenen Spezialitäten zählen die kalorienreiche Auguszt Krémes sowie die Eszterházy torta.

Zeitreise in die Belle Époque

Etwas vom Flair vergangener Tage ist wenige Meter weiter im gediegenen Speisesaal des **Café Astoria** ❻ im altehrwürdigen Hotel Astoria zu spüren. Das in den Jahren 1912–14 erbaute

ÖFFNUNGSZEITEN

Café Centrál ❶: Károlyi utca 9,
T 1 266 21 10, www.centralkavehaz.hu,
tgl. 8.30–23 Uhr
Gerlóczy ❷: Gerlóczy utca 1, T 1 501
40 00, www.gerloczy.hu, Mo–Fr 7–23,
Sa/So 8–23 Uhr
Szamos Gourmet Ház ❸: Váci utca 1/
Deák Ferenc utca 5, T (06) 30 570 59
73, http://szamos.com, tgl. 10–21 Uhr
Café Gerbeaud ❹: Vörösmarty tér,
T 1 429 90 00, www.gerbeaud.hu, tgl.
9–21 Uhr
Auguszt Cukrászda ❺: Kossuth Lajos
utca 14–16, T 1 337 63 79, www.
augusztcukraszda.hu, Mo–Fr 9– 19, Sa
11–18 Uhr
Café Astoria ❻: Kossuth Lajos utca
19–21 (Hotel Astoria), T 1 889 60 22,
www.cafeastoriabudapest.hu, tgl. 7–23
Uhr
Museum Café ❼: Múzeum körút 10,
rund um die Uhr geöffnet

SÜSSES ZUM MITNEHMEN

In den beiden Konditoreicafés von
Szamos Gourmet Ház und Auguszt
Cukrászda können Sie auch Kuchen etc.
zum Mitnehmen einkaufen und dann
gemütlich im Park im Grünen beim
Picknick genießen.

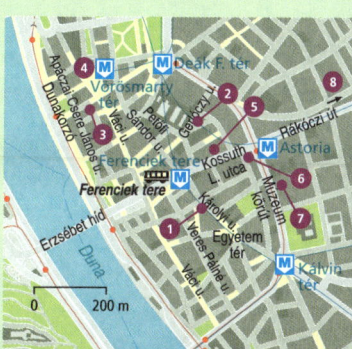

Cityplan: E/F 5/6 | **Metro** 3: Ferenciek tere, **Metro** 1: Vörösmarty tér

Haus war ein letzter Glanzpunkt des Goldenen
Zeitalters, bevor der Erste Weltkrieg der rapi-
den Entwicklung der Stadt ein Ende setzte. Das
elegante Café hat über die Jahrzehnte reichlich
Patina angesetzt und so fühlt man sich unwei-
gerlich wie auf einer Zeitreise. Das Astoria war
übrigens der erste Sitzungsort des 1918 gegrün-
deten Nationalrats, der unter Ministerpräsident
Mihály Károlyi die Geschicke der frisch ausgeru-
fenen souveränen Republik Ungarn leiten sollte
– ein ziemlich aussichtsloses Unterfangen, wie
sich bald herausstellte. Das Café Astoria wirkt
heute wie ein Relikt aus der großen Zeit der
Kaffeehäuser.

→ **UM DIE ECKE**

Eine Besonderheit ist das **Museum Café ❼** am
Múzeum körút 10, wenige Schritte vom Café
Astoria entfernt. Hier kennt die Kaffeemaschine keine Nachtpause, und das kleine Café
versorgt (sehr günstig) das meist studentische
Publikum zu jeder Tages- und Nachtzeit mit
dem koffeinhaltigen Elixier.

49

Synagogen, Klezmer und Szene – **das alte jüdische Viertel**

Hinter der prächtigen Großen Synagoge am Kleinen Ring beginnt in der Elisabethstadt das alte jüdische Viertel. Renovierte Synagogen sowie jüdische Restaurants, Cafés und Geschäfte zeugen vom Wiedererwachen jüdischer Kultur. Zudem ist das Quartier mit seinen urwüchsigen ›Ruinenkneipen‹ zum angesagtesten Nightlife-Viertel der Hauptstadt geworden.

Der prächtige Thora-Schrein ist der zentrale Blickfang der Großen Synagoge an der Dohány-Straße.

Im 19. Jh. entfaltete sich in Pest gleich außerhalb der ehemaligen Stadtmauer ein reges jüdisches Leben. Bis zum Ersten Weltkrieg spiegelte sich die ungarische Gründerzeit auch in der dyna-

mischen Entwicklung der jüdischen Gemeinde. Synagogen und Schulen entstanden, die Innere Elisabethstadt wurde zum jüdischen Viertel. Hier wohnte vor allem die ärmere Bevölkerung. Im Winter 1944/45 machten die Nazis die Straßenzüge hinter der Großen Synagoge zum jüdischen Ghetto, wo aufgrund der Hilfe einiger weniger viele Menschen den Holocaust überleben konnten (▶ S. 83). Nach dem Krieg verließen viele Juden das Viertel, doch seit 1989 ist eine kleine Renaissance der jüdischen Gemeinde spürbar, auch die Gastroszene hat das Viertel für sich entdeckt, in dem Geschichte und Zukunft, Melancholie und Lebensfreude, Bewahrung und Zerstörung so nah beieinander liegen.

Große Synagoge

Schon vom Kleinen Ring aus ist die imposante **Große Synagoge (Nagy zsinagóga)** 1 – auch bekannt als Dohány-Straßen-Synagoge – mit ihren filigranen Elementen im maurisch-byzantinischen Stil deutlich zu erkennen. Gebaut wurde die mit 3000 Sitzplätzen größte Synagoge Europas 1854–59 nach den Plänen von Ludwig Förster. Die Emporen waren weiblichen Gemeindemitgliedern vorbehalten. Das Bauwerk sorgte innerhalb der Gemeinde für viel Wirbel. Es wirke zu kirchenähnlich, hieß es. Auch der Einbau einer Orgel, auf der u. a. Franz Liszt spielte, stieß auf Protest. So kam es 1869 sogar zur einer Spaltung der Gemeinde. Die gemäßigt reformorientierte, neologe Gemeinde blieb an der Dohány utca.

Die beiden 43 m hohen Zwiebeltürme der Großen Synagoge symbolisieren die zwei Säulen des Salomon-Tempels in Jerusalem.

Jüdisches Museum und Gedenkpark

Das benachbarte **Ungarische Jüdische Museum (Magyar Zsidó Múzeum)** 2 präsentiert an der Ecke zur Wesselényi utca zahlreiche religiöse Kultgegenstände, während im Holocaust-Raum die Verfolgung der Budapester und ungarischen Juden unter den Nazis dokumentiert wird. Einst stand hier das Geburtshaus von Theodor Herzl (1860–1904), der als geistiger Vater des modernen Zionismus gilt.

In der Wesselényi utca kreierte der Bildhauer Imre Varga 1990 im **Raoul-Wallenberg-Gedenkpark** 3 den »Baum des Lebens«, der die zahlreichen Opfer der Nazi-Verfolgung eindrücklich symbolisiert.

Von koscher bis Klezmer

An keinem anderen Ort in Budapest ist die jüdische Kultur so gegenwärtig wie zwischen Wesselényi utca und Dob utca: Jüdische Restaurants, koschere Cafés und Geschäfte – manche mit hebräisch beschrifteten Schildern – vermitteln einen Eindruck vom Wiedererwachen des jüdischen Lebens. Vorbei an der 2018 renovierten sogenannten **Rumbach-Sebestyén-Straßen-Synagoge** 4 geht es zur Dob utca.

Buntes Leben im Hinterhof

Zwischen Dob utca 16 und Király utca 13 wurde die einst schummrige und geheimnisvolle Passage des **Gozsdu-Hofs (Gozsdu Udvar)** 5 umfassend saniert. Nun hat sich in den sechs Höfen entlang des Durchgangs eine überaus rege Café- und Nightlifeszene angesiedelt – und sonntags sorgt der Kunsthandwerkermarkt Gouba für Stimmung. Der Gozsdu-Hof ist in! Der Rechtsanwalt Manó Gozsdu (1802–70) war ein früher Förderer des rumänisch-ungarischen Ausgleichs und ließ die Höfe 1902 nach Entwürfen von Győző Cziegler erbauen.

Die Umgebung des Gozsdu-Hofs ist in den letzten Jahren von einem drastischen Wandel geprägt: Einfühlsam sanierte Gebäude stehen neben verfallenen Mietshäusern, leeren Grundstücken und gesichtslosen Neubauten. Zwar stehen viele Häuser unter Denkmalschutz, doch oftmals fehlt den Eigentümern und den zuständigen Stadtbezirken das Geld zur Sanierung. In der angesagten Nightlife-Straße Kazinczy utca haben Gastronomen zumindest die Fassaden vieler Häuser retten können.

Schtetl und Grüne Insel

Architektonischer Höhepunkt in der verkehrsberuhigten Kazinczy-Gasse ist in Nr. 19–31 die **Orthodoxe Synagoge** 6, auch bekannt als Kazinczy-Straßen-Synagoge. Das prächtige Gotteshaus wurde 1911 bis 13 nach Plänen der Brüder Löffler im Jugendstil erbaut. Unter dem leicht gewölbten Dach sind zwei Emporen für die Frauen angebracht. Die Synagoge bietet mehr als 1000 orthodoxen Gläubigen Platz und zählt zu den größten in Europa. Sie ist zugleich auch das Herzstück eines kleinen orthodoxen Schtetls. Koschere Restaurants, ein koscherer Metzger sowie die Gemeindebüros zeugen vom jüdischen Leben.

R
RUINEN

Zu Beginn des 21. Jh. entstanden in den zahlreichen leerstehenden Häusern alternative Kneipen und Kulturprojekte. Als ›Ruinenkneipen‹ wurden sie schnell zu einem belebenden Element der jungen Kulturszene. Sie boten eine Bühne für Konzerte oder Partys und Platz für Künstlerateliers. Da viele der Häuser über einen Innenhof verfügen, gibt es reichlich Platz für rustikale Biergärten. Manche Ruinenkneipen blieben nur einen Sommer, doch inzwischen sind die bekanntesten Adressen im Mainstream angekommen und bei Einheimischen wie Touristen gleichermaßen beliebt. Der Wegbereiter der Ruinenkneipen, das **Szimpla Kert** ✽, organisiert sogar einen Bauernmarkt (So 9–14 Uhr).

Ein Stückchen weiter entlang der Dob utca erreichen Sie den **Klauzál tér** `7`. Der etwas versteckt liegende Platz wird wegen seines parkähnlichen Charakters auch als die ›Grüne Insel‹ der Inneren Elisabethstadt bezeichnet. Hier scheinen die Uhren langsamer zu gehen als andernorts in Budapest. In Nr. 11 verbindet eine frisch renovierte Markthalle den Platz mit der Akácfa utca – 1944/45 die Grenze des Ghettos. Über die Wesselényi utca geht es zurück zur Großen Synagoge.

INFOS/ÖFFNUNGSZEITEN

Große Synagoge `1` **/ Ungarisches Jüdisches Museum** `2`: Dohány utca 2, www.greatsynagogue.hu, www.milev.hu, März, April, Okt. So–Do 10–20, Fr 10–16, Mai–Sept. So–Do 10–18, Fr 10–16, Nov.–Febr. So–Do 10–16, Fr 10–14 Uhr, 4000 HUF, erm. 3000/1200 HUF (Synagoge + Museum)
Orthodoxe Synagoge `6`: Kazinczy utca 29–31, www.kazinczyutcaizsinagoga.hu, April–Okt. So–Do 10–18, Fr 10–16, Winter So–Do 10–16, Fr 10–14 Uhr, 1000 HUF

KULINARISCHES FÜR ZWISCHENDURCH

Im jüdischen Viertel gibt es zahlreiche Möglichkeiten für eine Pause: Das **Spinoza** `1` (Dob utca 15, T 1 413 74 88, www.spinozahaz.hu, tgl. 8–23 Uhr, Hauptgerichte ca. 2850–5650 HUF) ist eine attraktive Mischung aus einladendem Café-Restaurant und anspruchsvoller Kulturbühne. Eine Spezialität: die schwungvollen Klezmer-Konzerte (Fr 19 Uhr, Eintritt 4900 HUF). Etwas weiter bietet die **Fröhlich Kóser Cukrászda** `2` (Dob utca 22, T 63 09 33 71 45, www.frohlich.hu, Mo–Do 9–18, Fr 9–14, So 10–18 Uhr) koschere Leckereien: Populär ist Flódni aus Mohn, Äpfeln und Nüssen. Ansprechend ist auch das **Café-Restaurant Kőleves** `3` (Kazinczy utca 41, T (06) 20 213 59 99, www.

koleves.com, Mo–Fr 8–24, Sa/So 9–24 Uhr, Hauptgerichte ca. 2200–5200 HUF) mit vielen regionalen Produkten und einem sommerlichen ›Ruinen‹-Biergarten. Im **Gozsdu-Hof** `5` ist unter den vielen Angeboten z. B. das **Café Vian** `4` (▶ S. 91) empfehlenswert.

ABENDS UND NACHTS

Rund um den Gozsdu-Hof und die Kazinczy utca liegen zahlreiche Cafés, Restaurants und Ruinenkneipen dicht beieinander. Nette Tipps sind das alternative Flaggschiff **Szimpla Kert** `1` (▶ S. 107), die Weinbar **Dobló** `2` sowie im Gozsdu-Hof das **Spíler** `3` und die Weinbar **DiVino** `4` (▶ S. 105).

Cityplan: F 4/5 | **Metro** 2, **Tram** 47, 49: Astoria; **Metro** 1, 2, 3, **Tram** 47, 49, **Bus** 9, 16: Deák Ferenc tér

53

9

Macht und Pracht – die Leopoldstadt

Ende des 19. Jh. suchte Budapest auch architektonisch nach Symbolen der nationalen Selbstständigkeit. In der Leopoldstadt (Lipótváros) finden sich besonders viele Prachtbauten: Das imposante Parlament am Donauufer, die St.-Stephans-Basilika, der Szabadság tér, aber auch die schönen Jugendstilbauten sind beeindruckende Zeugnisse der Gründerzeit.

Gegen Ende des Zweiten Weltkriegs wurden genau hier viele Juden von Faschisten erschossen – das bewegende Schuhdenkmal erinnert an die Opfer.

Der **Széchenyi István tér** 1 an der Zufahrt zur **Kettenbrücke (Lánchíd)** 2 (▶ S. 21) ist ein guter Ausgangspunkt: An der Nordseite des Platzes entstand 1862 bis 64 die **Akademie der Wissenschaften** (Magyar Tudományos Akadémia). Sie war 1825 von Graf István Széchenyi gegründet worden, der auch den Bau der Brücke veranlasst hatte. Ebenfalls am Platz steht der prächtige **Gresham-Palast,** eines der schönsten Jugendstilgebäude der Stadt. Errichtet wurde es 1904 bis

1906 nach Entwürfen von Zsigmond Quittner sowie József und László Vágó. In der Lobby des heutigen Luxushotels beeindrucken beeindrucken in der Lobby wieder Jugendstildetails wie die Pfauen und die Fahrstuhlanzeiger.

Parlament

Am noch nicht voll ausgebauten Donauufer geht es vorbei an der **Skulptur ›Schuhe am Donauufer‹** **3** (▶S. 83) zum imposanten neogotischen Palast des **Parlaments (Országház) 4**. Das größte Parlamentsgebäude der Welt beeindruckt allein schon durch seine schieren Ausmaße: 268 m lang, 123 m breit, 96 m hoch ist das Bauwerk. Zugang ist über ein neues Besucherzentrum an der Nordseite, das auch vom Donauufer erreicht wird. Über der Prunktreppe, die zur großartigen Kuppelhalle hinaufführt, schuf Károly Lotz drei wunderbare Deckenfresken (»Die Apotheose Ungarns«), in der Kuppelhalle selbst wird die berühmte Stephanskrone als Glanzstück der Krönungsinsignien aufbewahrt. Und der vielleicht bedeutendste ungarische Maler, Mihály Munkácsy, verewigte auf einem riesigen Historiengemälde die legendäre Landnahme am Ende des 9. Jh. unter Fürst Árpád.

Das Parlament

Kossuth Lajos tér

Der große verkehrsberuhigte Platz vor dem Parlament, der **Kossuth Lajos tér 5**, hat für die Ungarn eine besondere Bedeutung: Zum einen erinnern pathetische Denkmäler an bekannte ungarische Fürsten, zum anderen spielte der Platz 1956 beim Auftakt der Revolution eine zentrale Rolle, als es hier zu Massendemonstrationen kam.

Gegenüber vom Parlament wurden übrigens zwei weitere Entwürfe für das Parlament in etwas verkleinertem Maßstab verewigt: Das interessante **Ethnografische Museum (Néprajzi Múzeum) 6** – mittlerweile für den Umzug ins Stadtwäldchen geschlossen – belegte Platz zwei, das Landwirtschaftsministerium rechts daneben Platz drei.

ÜBRIGENS

In den 17 Jahren Bauzeit (1885–1902) ließ der Architekt des **Parlaments,** Imre Steindl, 40 Mio. Ziegel, mehr als 500 000 Steinblöcke und rund 40 kg Gold verbauen. Es entstanden mehr als 700 Räume und 29 Treppenaufgänge. Kein Wunder, dass die Kosten sich schnell auf 38 Mio. Goldkronen verdoppelten. Dafür hätte man seinerzeit eine komplette Kleinstadt aus dem Boden stampfen können.

Die Straße der Kunstgalerien

Nördlich vom Kossuth Lajos tér beginnt die Galerien- und Antiquitätenmeile **Falk Miksa utca**. In den Läden werden vor allem Porzellan, Schmuck, Silber, aber auch Möbel und vieles andere verkauft. Kunstfreunde sollten unbedingt die Ausstellungs-

Abends ist ein Spazier-gang durch die Zrínyi utca besonders beein-druckend, wenn die St.-Stephans-Basilika wie ein magischer Magnet wirkt.

räume der beiden führenden ungarischen Galeris-ten besuchen: **Judit Virág** 🟢 und **Tamás Kieselbach** 🟢 haben sich vor allem auf Gemälde aus dem 19. und frühen 20. Jh. spezialisiert.

Jugendstil am Szabadság tér

Der parkähnliche **Szabadság tér (Freiheitsplatz)** 🟧7 entstand an der Wende zum 20. Jh. anstelle einer verhassten Habsburger-Kaserne. Ganz dem selbst-bewussten Zeitgeist entsprachen die monumenta-len Gebäude der ehemaligen Börse (rechts) sowie der Ungarischen Nationalbank (links), die Ignác Al-pár schuf. Eine kleine Perle ist das **Haus der Unga-rischen Sezession (Magyar Szecesszió Háza)** 🟧8 in der angrenzenden Honvéd utca 3. Tivadar Vad hat im unteren Bereich des sogenannten Bedő-Hau-ses (1903) seine private Jugendstilsammlung – pri-mär Möbel und Gemälde – ausgestellt. Auch das stilechte Café passt. Ein weithin bekannter Vor-zeigebau des Jugendstils liegt hinter der schwer gesicherten US-Botschaft in der Hold utca: die ehemalige **Postsparkasse (Postatakarékpénztár)** 🟧9 von Ödön Lechner (1900/01) (▸S. 81). Den besten Blick auf das grün verzierte Dach gewährt das Intermezzo Roof Terrace (▸ S. 96).

St.-Stephans-Basilika

Die 96 m hohe Kuppel der **St.-Stephans-Basilika (Szent István Bazilika)** 🟧10 markiert zusammen mit der gleich hohen Parlamentskuppel die maximale

Bauhöhe für alle Gebäude in der Pester Innenstadt. Ganze 55 Jahre, von 1851 bis 1906, benötigten drei aufeinanderfolgende Architekten für den Bau des größten katholischen Gotteshauses in Budapest. Wichtigste Sehenswürdigkeit der Basilika ist die sogenannte Heilige Rechte (Szent Jobb), angeblich die rechte Hand von Staatsgründer und Namensgeber König Stephan I. aus dem 11. Jh. Die gewaltige Kuppel der St.-Stephans-Basilika ist der beste Aussichtspunkt in Pest. An schönen Tagen genießen Sie von dort einen fantastischen Blick über die Dächer der Stadt bis hinüber zu den Budaer Bergen!

INFOS/ÖFFNUNGSZEITEN

Parlament 4: T 1 441 49 04, www. parlament.hu, deutschsprachige Führungen tgl. 10, 13.30, 14.30 Uhr). EU-Bürger zahlen 2400/1300 HUF (Ausweis vorlegen), alle anderen 6000/3100 HUF. Tickets am besten vorab online bestellen, ansonsten am gewünschten Tag möglichst früh persönlich im Parlaments-Besucherzentrum vorbeischauen.
Haus der Ungarischen Sezession 8: Honvéd utca 3, www.magyarszecesszio haza.hu, Mo–Sa 10–17 Uhr, 2000/1500 HUF
St.-Stephans-Basilika 10: de.bazilika. biz, Turm April, Mai, Okt. tgl. 10–17.30, Juni–Sept. 10–18.30, Nov.–März 10–16.30 Uhr, 600/400 HUF
Judit Virág 1: Falk Miksa utca 30, www.viragjuditgaleria.hu
Tamás Kieselbach 2: Falk Miksa utca, Ecke Szent István körút, www. kieselbach.hu

KULINARISCHES FÜR ZWISCHENDURCH

In der Leopoldstadt ist die gastronomische Auswahl groß: **Da Mario** 1 (Vécsey utca 3, T 1 301 09 67, www. damario.hu, tgl. 11–24 Uhr, Hauptgerichte ca. 2000–6900 HUF) mit solider italienischer Küche und schöner Terrasse zwischen Parlament und Szabadság tér, das preisgünstige **Csarnok**

Vendéglő 2 (Hold utca 11, T 1 269 49 06, tgl. 10–22 Uhr, Hauptgerichte ca. 1100–3200 HUF) mit herzhafter ungarischer Hausmannskost in rustikalem Ambiente, sowie **Fruccola** 3 (▶ S. 92) für Frühstück, frische Salate, Kuchen und Fruchtsäfte. Zwei weitere Tipps: das hübsche Café im **Haus der Ungarischen Sezession** (s.o.) sowie im Sommer die Szene-Strandbar **Pontoon** an der Kettenbrücke (▶ S. 105).

10

Budapests schönster Boulevard – **die Andrássy út**

Ein Bummel über die Andrássy út gehört unbedingt zu einem Budapest-Besuch. Die fast 2,5 km lange Prachtallee verbindet das Pester Stadtzentrum mit dem Heldenplatz und dem Stadtwäldchen. Hier präsentierte die gesellschaftliche Elite Ende des 19. Jh. ihren Reichtum. Unter dem Welterbe-Boulevard verkehrt die erste U-Bahn des europäischen Kontinents.

Nur ganz selten erhalten Radfahrer freie Fahrt auf der Andrássy út vor der Staatsoper – aber der Radwegebau kommt langsam voran.

Mitte des 19. Jh. war die enge Király utca dem steigenden Verkehrsaufkommen nicht mehr gewachsen. Die Stadtväter wollten Abhilfe schaffen und entschieden sich für die große Lösung: Eine breite Prachtstraße sollte aller Welt vor Augen führen, dass die expandierende Donaumetropole europäisches Spitzenniveau erreicht hatte. So begann 1870 der Ausbau der Radialstraße, gesäumt von herrschaftlichen Palästen, Theatern und Kaffeehäusern. Der Boulevard gliedert sich in drei unterschiedliche Abschnitte. Bis zum Großen Ring dominieren großbürgerliche Mietshäuser, dann weitet sich die Straße zur Promenade und hinter dem Kodály körönd verdeutlichen frei stehende Villen die Nähe zum Stadtrand. Seit 2002 ist die Andrássy út Teil des UNESCO-Welterbes.

U-Bahn und Staatsoper

Weil die betuchten Bewohner nicht vom Lärm einer Straßenbahn gestört werden wollten, einigte man sich auf den Bau der ersten U-Bahn (Földalatti) auf dem europäischen Kontinent. Schon eine Woche nach Eröffnung der Strecke zu den Millenniumsfeierlichkeiten 1896 fuhr Kaiser Franz Joseph mit dem revolutionären Verkehrsmittel. Verlassen Sie die gelbe ›Földalatti‹ an der Station Bajcsy-Zsilinszky út, so stehen Sie am Beginn der Andrássy út.

Vorbei an noblen Modeläden geht es zur prächtigen **Ungarischen Staatsoper** 2 (▶ S. 62).

Zum Oktogon

Als nächstes stößt man auf den ›**Pester Broadway**‹ 3 an der Nagymező utca (▶ S. 62) und das ehemalige **Pariser Großkaufhaus (Párizsi Nagyáruház)** 4. Der großartige Jugendstilbau (1909–12) ersetzte das Theresienstädter Kasino von 1882. Erhalten blieb jedoch der einzigartige Ballsaal bzw. Lotz-Saal (Lotz-Terem): Hohe Spiegelwände und die wunderbaren Deckenfresken von Károly Lotz (»Die Apotheose Budapests«) sorgen für viel Ambiente im prächtigen Saal. Bei Redaktionsschluss war unten ein High-Tech-Spielpark für Kinder eingezogen, während die Wiedereröffnung eines Cafés kurz bevorstand.

Erinnerung an den Terror

Hinter dem Oktogon – der verkehrsreichen Kreuzung mit dem Großen Ring – dokumentiert das markante **Haus des Terrors (Terror Háza)** 6 in Nr. 60 auf recht schrille Art das Wirken der faschistischen und kommunistischen Geheimpolizei, die nacheinander in diesem Haus ihren Sitz hatten.

ÜBRIGENS

Die **Andrássy út** hat in ihrer Geschichte – je nach politischer Großwetterlage – schon viele Namen getragen. Die Palette reichte von der schlichten Radialstraße über Stalinallee bis zur Straße der Ungarischen Jugend und dann der Straße der Volksrepublik. Erst 1989 kam Graf Andrássy auf das Straßenschild zurück. Andrássy war nach dem politischen Ausgleich mit Österreich 1867 ungarischer Ministerpräsident und k.u.k.-Außenminister gewesen.

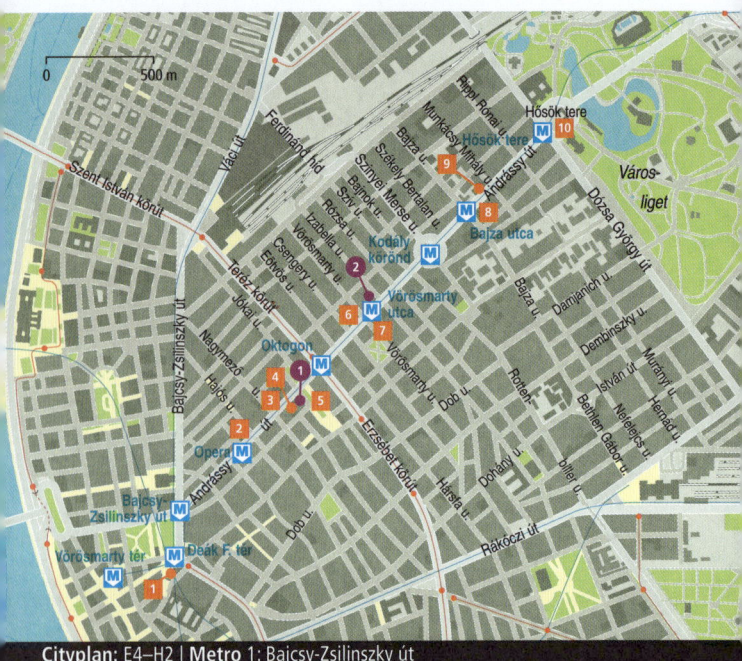

Cityplan: E4–H2 | **Metro** 1: Bajcsy-Zsilinszky út

ÖFFNUNGSZEITEN

U-Bahn-Museum (Földalatti Vasúti Múzeum) 1: Di–So 10–17 Uhr, 350/280 HUF

Haus des Terrors 6: Andrássy út 60, www.terrorhaza.hu, Di–So 10–18 Uhr, 3000/1500 HUF

Franz-Liszt-Museum 7: Vörösmarty utca 35, www.lisztmuseum.hu, Mo–Fr 10–18, Sa 9–17 Uhr, 1500/750 HUF

Ferenc-Hopp-Museum 8: Andrássy út 103, www.hoppmuseum.hu, Di–So 10–18 Uhr, 1200/600 HUF

KOGART-Haus 9: Andrássy út 112, www.kogart.hu, Mo–Fr 10–17 Uhr, 1500/750 HUF

KULINARISCHES FÜR ZWISCHENDURCH

Das helle **Klassz** 1 (Andrássy út 41, kein Tel., tgl. 11.30–23 Uhr, Hauptgerichte ca. 2100–5500 HUF) gilt als eines der besten Restaurants der ungarischen Hauptstadt. Die moderne und attraktive Küche wird durch eine ausgesprochen erlesene Weinkarte des Hauses abgerundet. Tischreservierungen sind nicht möglich, die Karte wechselt alle zwei Wochen.

Am Szeneplatz **Liszt Ferenc tér** 5 und an der **Nagymező utca** finden sich zahlreiche weitere ansprechende Bistros und Cafés, z. B. das **Vian** (▶ S. 91) und das **Menza** (▶ S. 95).

Jenseits des Oktogons ist das gastronomische Angebot weniger dicht. Eine sehr nette Adresse in diesem Abschnitt ist aber das **Ecocafé** 2 (Andrássy út 68, www.ecocafe.hu, Mo–Sa 7–20, So 8–20 Uhr). In dem hellen Café werden leckere Vollkorn-Sandwiches, vegane Pralinen, frisch gepresste Orangensäfte sowie Biokaffee und Chai serviert. Das Ecocafé ist sehr populär, und es ist deshalb nicht immer leicht, einen Platz zu ergattern.

Schwerpunkt ist die kommunistische Zeit, was den Ausstellungsmachern den Vorwurf der Einseitigkeit eintrug.

Franz Liszts Wohnung

Auf der anderen Straßenseite ist an der Ecke Vörösmarty utca in der Alten Musikakademie das **Franz-Liszt-Gedenkmuseum (Liszt Ferenc Emlékmúzeum)** 7 untergebracht. In dem Haus lebte der Komponist von 1879 bis zu seinem Tod 1886. Der im damals ungarischen Burgenland geborene Liszt sprach zwar kein Ungarisch, war seiner Heimat aber sehr verbunden, wie die Gründung der Budapester Musikakademie sowie zahlreiche Musikstücke mit ungarischen Themen zeigen.

Villen-Promenade

Hinter dem Kodály köröND laden in dem Villen-Abschnitt zwei weitere Museen zum Besuch ein: Das **Ferenc-Hopp-Museum** 8 bietet sehenswerte Wechselausstellungen, zumeist Kunst aus China, Japan, Indien sowie Nepal.

Schräg gegenüber haben hochkarätige Gemälde- und Fotoausstellungen das private **KOGART-Haus** 9 zu einer etablierten Adresse werden lassen. Unternehmer und Kunstsammler Gábor Kovács verfügt über eine der größten Privatsammlungen ungarischer Malerei, deren Highlights hier ausgestellt sind. Schließlich mündet die Andrássy út in den weitläufigen **Heldenplatz** 10.

Dieser sowjetische Panzer wurde während des Aufstandes von 1956 erbeutet. Er ist im Terrorháza zu sehen – das umstrittene ›Haus des Terrors‹ widmet sich vor allem der Nachkriegsgeschichte Ungarns unter kommunistischer Herrschaft bis 1989.

→ UM DIE ECKE

Am Metro-Knotenpunkt Deák Ferenc tér informiert in der Fußgängerunterführung ein kleines **U-Bahn-Museum (Földalatti Vasúti Múzeum)** 1 über den Bau der gelben Földalatti, der ältesten U-Bahn Linie auf dem europäischen Kontinent und der zweitältesten der Welt. Dort sind auch historische Waggons ausgestellt.

Zwischen dem ehemaligen Pariser Großkaufhaus und dem Oktogon bietet der lauschige **Liszt Ferenc tér** 5 ein reichhaltiges Café-Angebot. Ein großartiger Prachtbau ist hier die im Jugendstil gehaltene Franz-Liszt-Musikakademie (▶ S. 81) am Ende des Platzes.

Zwischen Oper und Musical – **der ›Pester Broadway‹**

Die Ungarische Staatsoper ist eine der schönsten Bühnen Europas und das Flaggschiff des Budapester Theaterbezirks. Eine Aufführung ist hier immer ein Erlebnis. Das gilt auch für die Operetten und Musicals im renommierten Operettentheater am ›Pester Broadway‹, wie das Areal um Andrássy út und Nagymező utca auch genannt wird. Nette Cafés sorgen für eine entspannte Atmosphäre.

Kaiserin Sisi und ihr Gemahl kommen zwar nicht mehr vorbei, aber die Ungarische Staatsoper hat nichts von ihrem Glanz verloren.

1875 bis 1884 errichtete der ungarische Stararchitekt Miklós Ybl das repräsentativste Gebäude am Prachtboulevard Andrássy út. Zu dem prächtigen Neorenaissancebau der **Ungarischen Staatsoper (Magyar Állami Operaház)** **1** steuerte

Kaiser Franz Joseph mehr als die Hälfte der Bau-
kosten bei. Angeblich verlangte er dafür, dass
das neue Opernhaus nicht größer werde als das
Wiener Pendant. Ybl hielt sich zwar an die Vor-
gaben, dennoch soll der Monarch angesichts der
Schönheit des Budapester Opernhauses bei der
Eröffnung so pikiert gewesen sein, dass er schon
nach dem ersten Akt aufbrach und nie wieder
kam. Das könnte allerdings auch daran gelegen
haben, dass die ersten zwei der drei Eröffnungs-
werke patriotische ungarische Stücke waren, die
beim Habsburger-Kaiser sicher nicht besonders
gut ankamen. Seine Frau Sisi hatte übrigens eine
eigene Loge (ganz links). Von dort kann man
zwar die Aufführungen auf der Bühne nicht besonders gut verfolgen, dafür war aber das Publikum bestens im Blickfeld.

Gesamtkunstwerk

Das Opernhaus ist ein Gesamtkunstwerk: Üppige
Gemälde und Fresken zieren die Aufgänge und
den Büfett-Raum, das grandiose Kuppelfresko
stammt von Károly Lotz. Der Kronleuchter kommt

INFOS/ÖFFNUNGSZEITEN

**Ungarische Staatsoper (Magyar
Állami Operaház)** **1**: Andrássy út
22, T www.opera.hu; Führungen bis
zum Ende der Renovierung 2019, tgl.
um 14, 15 und 16 Uhr Kurzführungen
auf Englisch mit ›Minikonzert‹. Infos:
T 1 332 81 97, www.operavisit.hu,
2490/2220 HUF
**Budapester Operettentheater
(Budapesti Operettszínház)** **2**: Nagy-
mező utca 17, www.operett.hu
**Haus der Ungarischen Fotografie
(Magyar Fotográfusok Háza)** **3**:
Nagymező utca 20, www.maimano.hu,
Di–So 12–19 Uhr, 1500/700 HUF
**Robert-Capa-Zentrum für Zeitge-
nössische Fotografie (Robert Capa
Kortárs Fotográfiai Központ)** **4**:
Nagymező utca 8, https://capacenter.
hu, tgl. 11–19 Uhr bei wechselnden
Eintrittspreisen

KULINARISCHES FÜR ZWISCHENDURCH

Die Cafés und Restaurants der Andrássy
út sind nicht weit entfernt. Im Erdgeschoss des Hauses der Ungarischen
Fotografie ist das legere **Café Mai
Manó** **1** (T 1 269 56 42, tgl. 8–1 Uhr)
eine gute Adresse für eine Kaffeepause.

KLEZMER

2006 feierte im Operettentheater das erste **Klezmer-Musical** »Menyasszonytánc« (›Brauttanz‹) Premiere. Geschrieben wurde es von Ferenc (Fegya) Jávori, dem sehr sympathischen Chef der Budapest Klezmer Band. Jávori hat mit der ›BKB‹ seit 1990 die jüdische Klezmer-Musik in Ungarn neu belebt. Inzwischen gibt es wieder eine ganze Reihe von Klezmer-Bands, die z. B. im Spinoza (▶ S. 108) zu hören sind. Jávoris Musical strahlt eine mitreißende Lebensfreude aus und ist gelegentlich im Operettentheater zu sehen. Ein wahrer Genuss sind auch die schwungvollen Konzerte der international aktiven Band.

aus Mainz, eine Ausnahme, sonst wurden fast alle Baumaterialien aus Ungarn geliefert. Auch an der Bühnentechnik sparte man nach einem verheerenden Theaterbrand in Wien nicht. Und die Akustik ist hervorragend. Die Staatsoper hat schon immer große Namen angelockt. Erster Direktor war der Komponist der ungarischen Nationalhymne Ferenc Erkel, wenig später kam Gustav Mahler für drei Jahre. In jüngerer Zeit haben Luciano Pavarotti, Plácido Domingo und Montserrat Caballé hier gesungen. Bei Redaktionsschluss wurde das gesamte Opernhaus renoviert – geplante Wiedereröffnung im Frühjahr 2019.

Operetten und Musicals

In Budapest begann Imre (Emmerich) Kálmán (1882–1953) seine Erfolgskarriere als Operettenkönig. Die »Csárdásfürstin« und »Gräfin Mariza« sind zum Inbegriff dieses heiteren Genres geworden. Vor dem Eingang des stilvoll renovierten **Budapester Operettentheaters (Budapesti Operettszínház)** 2 empfängt ein entspannt zurückgelehnter Kálmán auf einer Bank die Gäste. Das Haus im Herzen des Theaterbezirks am ›Pester Broadway‹ bringt auch aktuelle Musical-Produktionen auf die Bühne.

Foto-Highlights

Gegenüber vom Operettentheater wurde im lichtdurchfluteten einstigen Atelier des k.-u.-k.-Hoffotografen Manó Mai (1855–1917) das anspruchsvolle **Haus der Ungarischen Fotografie (Magyar Fotográfusok Háza)** 3 eingerichtet – die Wechselausstellungen sind sehr sehenswert. Spannende Fotoausstellungen bietet auch das **Robert-Capa-Zentrum für Zeitgenössische Fotografie (Robert Capa Kortárs Fotográfiai Központ)** 4 auf der anderen Seite der Andrássy út im ehemaligen Ernst-Museum. Aus Ungarn stammen viele international berühmte Fotopioniere, die die Grenzen der Fotokunst ausdehnten und neu interpretierten. Der durch seine ausdrucksstarken Kriegsfotografien aus dem Spanischen Bürgerkrieg und dem Zweiten Weltkrieg bekannt gewordene Robert Capa hieß eigentlich Endre Friedmann und war gebürtiger Budapester. Auch sein Kollege André Kertész stammte aus Budapest, wurde aber in Paris und New York berühmt.

Kunstgenuss und stramme Magyaren – **der Heldenplatz**

Im weiten Halbrund gruppieren sich auf dem Heldenplatz die wichtigsten ungarischen Könige und Freiheitskämpfer um die sieben strammen Fürsten der Magyaren, die einst das Karpatenbecken eroberten. Nebenan präsentiert das Museum der Bildenden Künste eine hochkarätige Sammlung von europäischem Format.

Am Ende der Andrássy út öffnet sich das weite, gepflasterte Karree des **Heldenplatzes (Hősök tere)** 1. Tragendes Element ist das Millenniumsdenkmal, das zu den Feierlichkeiten 1896 die tausendjährige Geschichte der Magyaren in Ungarn glorifizieren sollte. Doch der Komplex wurde erst 1929 fertiggestellt. Bewegend war am

Staatsgründer, Könige und Revolutionäre im friedlichen Reigen: Auf dem Heldenplatz werden wichtige Persönlichkeiten der ungarischen Geschichte geehrt.

INFOS/ÖFFNUNGSZEITEN
Touristeninformation: Olof Palme sétány 5, tgl. 9–19 Uhr

Cityplan: H 1–2 | **Metro** 1: Hősök tere

Museum der Bildenden Künste 2:
www.szepmuveszeti.hu, Sammlung 1400, mit Sonderausstellung 1800 HUF
Kunsthalle (Műcsarnok) 3: www.kunsthalle.hu, Di–Mi, Fr–So 10–18, Do 12–20 Uhr, wechselnde Tarife

KULINARISCHES FÜR ZWISCHENDURCH
Das **Café** der **Kunsthalle** serviert im Sommer auch unter dem Vorbau Getränke. Im angrenzenden Stadtwäldchen bietet das **Robinson Restaurant** 1 (▶ S. 71) gehobene Küche.

FAHRRADVERLEIH
Bei der Touristeninformation (s. o.) kann man auch Fahrräder ausleihen.

16. Juni 1989 die symbolische Trauerfeier für die Märtyrer der Revolution von 1956, darunter den hingerichteten Ministerpräsidenten Imre Nagy. Damit läuteten 200 000 Menschen auf beeindruckende Weise den friedlichen Übergang in die Demokratie ein. Durch eine landesweit ausgestrahlte Rede begann just an dem Tag auch der Aufstieg des heutigen Ministerpräsidenten Orbán.

Erzengel, Fürsten und Könige

Fürst Árpád

Schon aus der Ferne weist die 36 m hohe Säule mit dem Erzengel Gabriel auf der Spitze (1901) die Richtung. Der Erzengel hält die Stephanskrone in der Hand. Einer Legende nach hatte Gabriel die Krone im Traum dem frisch getauften Fürsten Stephan (ehem. Vajk) angeboten. Der konnte so ein Angebot natürlich unmöglich ausschlagen. Auf dem Sockel posiert hoch zu Ross Fürst Árpád, der die legendäre Landnahme Ende des 9. Jh. leitete, ihm zur Seite sichern sechs stolze Stammeschefs die Flanken. Vor der Säule erinnert ein Gedenkstein an die ungarischen ›Helden‹. Im Hintergrund sind in zwei Kolonnaden 14 bedeutende Ungarn von König Stephan bis zum Freiheitskämpfer Lajos Kossuth versammelt.

Museum der Bildenden Künste

Ein Prunkstück und zweifelsohne ein echter Blickfang ist das **Museum der Bildenden Künste (Szépművészeti Múzeum) 2**, das in den Jahren 1900 bis 1906 im antikisierenden Stil von Albert Schickedanz und Fülöp Herzog errichtet wurde. Die umfangreiche Museumskollektion ist von europäischem Rang und wurde Ende 2018 nach mehrjährigen Renovierungsarbeiten mit zusätzlicher Ausstellungsfläche wieder öffentlich zugänglich gemacht.

Das Museum wurde vor einigen Jahren mit der Nationalgalerie zusammengelegt und im Raume steht auch, die Sammlungen in Zukunft neu zuzuordnen. Grundlage für die ursprüngliche Museumseinrichtung war die umfangreiche Privatsammlung der Fürsten Esterházy, die 1870/71 vom ungarischen Staat erworben wurde.

Gemälde von Raffael bis Monet

Allein die Sammlung Alter Meister im ersten Stock umfasst heute rund 3000 Gemälde. Vertreten sind Meisterwerke italienischer, spanischer, niederländischer und flämischer Künstler. Auf die westungarische Magnatenfamilie der Esterházy geht auch der Name der ›Esterházy-Madonna‹ (1508) von Raffael zurück, ein Kleinod des Museums.

Aus dem deutschen Raum fällt z. B. Lucas Cranach d. Ä. mit »Jesus und die Ehebrecherin« (1532) ins Auge. Albrecht Dürer, dessen Vorfahren aus Ungarn stammten, ist mit dem »Porträt eines jungen Mannes« (ca. 1510–20) präsent. Klein, aber fein ist die Sammlung der französischen (Post-)Impressionisten, darunter bedeutende Werke von Monet, Cézanne, Gauguin sowie Skulpturen von Rodin. Zu den besonderen Highlights der ägyptischen Abteilung gehören die herrlich bemalten Holzsarkophage.

Noch mehr Kunst

Gegenüber vom Museum bietet die **Kunsthalle (Műcsarnok) 3** Wechselausstellungen mit zeitgenössischer Kunst. Das ebenfalls sehr augenfällige Gebäude war 1895/96 als einziger Teil des Heldenplatz-Ensembles rechtzeitig zur Milleniums-Ausstellung fertig.

Ganz oben auf der Millenniumssäule steht der Erzengel Gabriel. Den Sockel umringen die sieben Fürsten, die bei der Landnahme – dem Einzug der Magyaren ins Karpatenbecken – dabei waren. Der Anführer Fürst Árpád reitet mit grimmiger Miene auf uns zu (s. links).

Tierpark, Märchenburg und Wellness – **Városliget**

Hinter dem Heldenplatz erstreckt sich das weitläufige Stadtwäldchen (Városliget) mit zahlreichen familienfreundlichen Attraktionen. Besonders sehenswert sind der Zoo mit seinen Jugendstil-Tierhäusern, die märchenhafte Vajdahunyad-Burg sowie das palastartige Széchenyi-Heilbad – im Stadtwäldchen herrscht ungezwungenes Freizeitvergnügen.

Am Stadtwäldchen-See lassen die Budapester gerne Beine und Seele baumeln.

Gleich hinter dem **Stadtwäldchen-See (Városligeti tó)** 1 – im Winter die Top-Schlittschuhbahn von Budapest (▶ S. 70) – bietet die **Vajdahunyad-Burg (Vajdahunyadvár)** 2 eine märchenhafte Kulisse. Das künstliche Gebilde wurde zur Millenniumsausstellung 1896 nach Plänen von Ignác Alpár in Holz erbaut und ist ein Mix aus diversen Baustilen der ungarischen Geschichte, von der Romanik bis zum Rokoko. Da sich das Fantasiegebilde als der Publikumsrenner der Ausstellung erwies, beschloss man, es aus Stein nachzubauen und zu verewigen. Im Innenhof hinter der Löwenbrücke liegt links die Jáki kápolna (Jáker Kapelle), die für (katholische) Gottesdienste und Hochzeitsfeiern genutzt wird. Etwas weiter befindet sich die Anonymus-Statue des Bildhauers Miklós Ligeti (1903). Sie erinnert an den ›Unbekannten Chronisten‹ des Mittelalters, der zur Zeit von König Béla III. an der Wende zum 13. Jh. die »Gesta Hungarorum« verfasste, die erste ungarische Geschichtschronik. Im Innenhof der Burg finden auch sommerliche Open-Air-Konzerte statt. In den beiden Hauptgebäuden der Vajdahunyad-Burg ist das **Ungarische Landwirtschaftsmuseum (Magyar Mezőgazdasági Múzeum)** untergebracht. Architektonisch besonders sehenswert sind die gotischen Säle im ›mittelalterlichen‹ Burgteil. Die Glasfenster stammen aus der Werkstatt von Miksa Róth. Vorbild war die Burg Hunyad in Siebenbürgen. Die beiden Türme können gegen eine Extragebühr bestiegen werden.

Gesamtkunstwerk Széchenyi-Heilbad

Was kann schöner sein, als an einem kalten Wintermorgen draußen in einem palastartigen Innenhof in 37 °C warmem Wasser zu entspannen und abzuschalten? Der ganz in gelb gehaltene Badepalast des **Széchenyi-Heilbads (Széchenyi gyógyfürdő)** **3** macht's möglich. Der wunderbare Badetempel wurde Anfang des 20. Jh. errichtet. Er wird aus 1250 m Tiefe mit bis zu 77 °C warmem Thermalwasser versorgt – aber keine Angst: Für das Bad wird es natürlich auf erträgliche Temperaturen gebracht. Besonders beliebt ist das Bad bei Schachspielern, die im warmen Thermalbecken scheinbar endlos durchhalten.

Durch diverse Spaßelemente in einem Außenbecken ist das Széchenyi zudem familienfreundlich. Reines Thermalwasser ist im Allgemeinen für kleine Kinder wegen des hohen Mineraliengehalts nicht geeignet. Zum medizinischen Angebot gehören selbstverständlich auch Massagen – das Széchenyi verspricht Wellness pur. Bemerkens-

ÜBRIGENS

Die ungarische Regierung möchte das Stadtwäldchen in ein großes neues **Museumsquartier** umwandeln. Neben der ohnehin schon anspruchsvollen Renovierung des Museums der Bildenden Künste sollen über den ganzen Park verteilt in den nächsten Jahren drei Neubauten für hochkarätige Museen entstehen. Zum einen sollen die Ungarische Nationalgalerie und das Ethnografische Museum ins Stadtwäldchen ziehen, während für das Thema Musik ein völlig neues Museum geplant ist. 2020 sollen die ersten neuen Museen ihre Pforten öffnen. Aber u. a. anhaltende Proteste von Umweltschützern, die um den Grünbestand des Parkes fürchten, haben bereits zu deutlichen Verzögerungen und einer Verkleinerung des Gesamtprojekts geführt.

P
PALMEN

Kaffeetrinken im Jugend-stil-Palmenhaus? In dem eleganten Gebäude aus Stahl und Glas ist das stimmungsvolle Café ein schöner Ort für eine Pause. Vor dem Palmenhaus im Zoo finden im Sommer empfehlenswerte Open-Air-Konzerte statt.

wert ist auch der herrliche Jugendstileingang am Kós Károly sétány mit fantastischen Kuppelfresken und einem Brunnen.

Ein Besuch im Zoo

Schon das kunstvolle Elefantentor am Eingang macht unmissverständlich klar: Der **Budapester Zoo (Budapesti Állatkert)** 4 präsentiert nicht nur Tiere, sondern bietet auch sehenswerte Kunstdenkmäler. Der Zoo existierte bereits seit 1866. Zur Gründung stiftete Kaiser Franz Joseph 34 Tiere, seine Gattin Sisi steuerte die erste Giraffe bei. Heute leben mehrere Tausend Tiere und rund 1000 Arten auf dem Gelände.

Anfang des 20. Jh. wurde der Zoo unter der Leitung von Károly Kós und Dezső Zrumeczky völlig neu gestaltet. Kós verwirklichte dabei das Vogel-, Affen- und Fasanenhaus in dem für ihn typischen transsylvanischen Stil. Das märchenhafte Elefantenhaus steuerte Kornél Neuschloss-Knüsli im Jugendstil bei. Der exotische Pavillon wirkt wie ein verspielter orientalischer Palast und ist eines der schönsten Jugendstilzeugnisse in Budapest. Auch das Palmenhaus ist eine Jugendstil-Augenweide.

Seit Jahren wird der Zoo Stück für Stück saniert. 2006 wurde ein Krokodilhaus angelegt,

Im Winter werden die Schlittschuhe ausgepackt und auf dem Eis vor der Märchenkulisse am Stadtwäldchen-See kunstvolle Kreise gezogen.

INFOS/ÖFFNUNGSZEITEN
Touristeninformation: Olof Palme sétány 5, tgl. 9–19 Uhr; bei der Touristeninformation kann man auch Fahrräder ausleihen.
Ungarisches Landwirtschafts-museum in der Vajdahunyad-Burg `2`: www.mmgm.hu, April–Okt. Di– So 10–17, sonst Di–Fr 10–16, Sa, So 10–17 Uhr, 1600/800 HUF
Széchenyi-Heilbad `3`: Állatkerti körút 11, www.spasbudapest.com, tgl. 6–22 Uhr, Tageskarte Mo–Fr 5200, Sa/So 5400 HUF, ab 19 Uhr 4900/5100 HUF; ab 19 Uhr nur Eintritt gegenüber dem Zirkus und ohne Thermalbecken innen
Zoo (Budapesti Állatkert) `4`: Állatkerti körút 6–12, www.zoobudapest.com, Jan.–Febr., Nov.–Dez. tgl. 9–16, März/Okt. 9–17, April/Sept. 9–17.30, Mai–Aug. Mo–Fr 9–18, Sa/So 9–19 Uhr, 3000/2000 HUF
Hauptstädtischer Großzirkus (Fővárosi Nagycirkusz) `5`: Állatkerti körút 12/a, www.fnc.hu, Tickets 800–4500/1500–3100 HUF, an den Wochenenden gibt es bis zu drei Vorstellungen, Mi–Fr meist nur eine, Mo/Di sind Ruhetage.

KULINARISCHES FÜR ZWISCHENDURCH
Neben dem Café im Palmenhaus des Zoos kann man im Stadtwäldchen auch richtig edel essen gehen im gehobenen **Robinson Restaurant** ➊ (T 1 422 02 22, www.robinsonrestaurant.hu, tgl. 11.30–23 Uhr, Hauptgerichte ca. 4200–9900 HUF). Und das in perfekter Lage am kleinen Stadtwäldchen-See. Für einen entspannten Drink im Park eignet sich am anderen Ufer die schöne Terrasse des **Nyereg** ➋ (T 06 303 51 52 17, www.nyeregitato.hu, tg. 11–22 Uhr); auch kleine Speisekarte.

Cityplan: H–K 1/2 | **Metro** 1: Hősök tere bzw. Széchenyi fürdő

2008 kam ein neuer Savannenbereich hinzu und 2010 das Australienhaus. Bei Kindern besonders beliebt sind natürlich der Streichelzoo und die Fütterung der Seelöwen. 2014 wurde der ehemalige Vergnügungspark in das Gelände integriert und soll bis 2020 mit Erweiterungsbauten, u. a. einem ›Biodome‹, komplett umgestaltet werden. Das denkmalgeschützte Karussell von 1906 sowie die hölzerne Achterbahn von 1922 bleiben jedoch erhalten.

Hauptstädtischer Großzirkus

Unmittelbarer Nachbar des Zoos ist der **Hauptstädtische Großzirkus (Fővárosi Nagycirkusz)** `5`. Hier führt der renommierte Ungarische Staatszirkus jährlich drei abwechslungsreiche Programme auf.

14

Grüne Lunge im Strom
– die Margareteninsel

Grüne Parklandschaften, weitläufige Bäder, elegante Thermalhotels und angesagte Biergärten – die Margareteninsel wurde schon als ›Feengarten‹ besungen und ist der schönste Park von Budapest. Hier suchen die Hauptstädter tagsüber Ruhe und Erholung, an warmen Sommerabenden feiert die Jugend bis tief in die Nacht.

Wer äußere und innere Ruhe sucht, kann sie, wenn er Zeit mitbringt, im Japanischen Garten tatsächlich finden.

Die Donauinsel begann ihre – überlieferte – Geschichte unter dem Namen ›Haseninsel‹ als Jagdrevier der ungarischen Könige. Für den Fall seines Sieges über die Tataren hatte König Béla IV. 1241 versprochen, seine kleine Tochter Margarete als Nonne ins Kloster zu schicken. So gelangte sie auf die Insel zu den Dominikanerinnen, wo sie 1271 starb. 1943 wurde Margarete heilig gesprochen.

INFOS/ÖFFNUNGSZEITEN
Wasserturm (Víztorony) 6 : www.sza-
badter.hu/viztorony, Juni–Okt. tgl. 11–19
Uhr (wetterabhängig), 600/300 HUF
**Freilichtbühne (Margitszigeti Sza-
badtéri Színpad)** 6 : www.szabadter.hu

ANFAHRT PER SCHIFF
Das städtische Verkehrsunternehmen
BKK fährt ganzjährig tgl. u. a. ab Petőfi
tér, Várkert Bazár, Kossuth Lajos tér,
Batthyány tér und Jászai Mari tér mit
Linienschiffen der Linien D11/12 im
Wechsel die zwei Anleger der Margare-
teninsel (Fahrpläne: www.bkk.hu) an.

KULINARISCHES FÜR ZWISCHENDURCH
Im Park gibt es mehrere Imbissstände.
Rechts hinter dem Musik-Springbrunnen
finden Sie mehrere hippe Biergärten,
am Wasserturm zudem ein einfaches,
rustikales Ausflugslokal.

AKTIV
**Palatinus-Freibad (Palatinus Strand-
fürdő)** 1 : www.spasbudapest.com, tgl.
8–20 Uhr (im Winter nur Thermalbad),
Tageskarte 3100–3500 (Mo–Fr ab 17 Uhr
2300) HUF, Kinder 2400–2600 HUF
Bringóvár 2 : Hajós Alfréd sétány 1

(am Japanischen Garten), T 1 329 20 73,
www.bringohinto.hu, tgl. 8 Uhr bis Sonnenuntergang). Verleih von Tretkutschen

Cityplan: D 1 und Karte 2 | **Tram** 4, 6, **Bus** 26: Margitsziget / Margit híd

Die Türken nutzten die Insel angeblich für ihre
Haremsdamen, bevor sie Ende des 18. Jh. an die
österreichischen Statthalter (Palatine) fiel. Diese
ließen das Areal im 19. Jh. zum Erholungs- und
Kurpark umbauen. Durch den Anschluss an die
Margaretenbrücke vergrößerte sich die Insel auf
die heutige Länge von etwa 2,5 km und eine Breite von bis zu 500 m. 2017 wurden die Parkanla-
gen für die Schwimm-WM grundlegend saniert.

Brunnen, Gärten und Historie

An der südlichen Zufahrt erinnert das **Zentena-
riumsdenkmal (Centenáriumi Emlékmű)** 1 von
István Kiss an die Vereinigung der Städte Pest,
Buda und Óbuda im Jahr 1873. Der benachbarte

Zu jeder vollen Stunde ›plätschert‹ aus dem Spielbrunnen auch Musik.

große **Musikspringbrunnen (Zenelö-Szökőkút)** 2 zieht zwischen Mai und Oktober von 11 bis 21 Uhr alle Blicke auf sich: Dann schießen stündlich Wasserfontänen kunstvoll arrangiert im Takt zu Klassik, Folk und Pop in die Höhe – ein kleines Spektakel.

Herrlicher Baumbestand macht den zentralen Teil der Insel zu einem wunderbaren Park. Neben dem schönen **Rosengarten (Rózsakert)** 3 gelangt man rechts zu einem kleinen **Tiergehege (Vadaskert)** 4 . Einblicke in die Geschichte gewähren die restaurierten Überreste des **Dominikanerinnen-Klosters (Domonkos kolostor)** 5 . Eine Grabplatte erinnert an die Königstochter Margarete. Bei den Ausgrabungen im 19. Jh. fand man u. a. das Grab ihres Bruders, König Stephan V.

Unübersehbar erhebt sich in der Mitte der Insel der 57 m hohe **Wasserturm (Víztorony)** 6 (1911), ein Wahrzeichen der Insel, das im Sommer bestiegen werden kann. In seinem Schatten dient die **Freilichtbühne (Margitszigeti Szabadtéri Színpad)** der Insel für sommerliche Konzerte.

Thermalhotels und Gartenidyll

Der nördliche Teil der Insel wird durch zwei Thermalhotels dominiert, darunter das Danubius Health Spa Resort Margitsziget (▶ S. 87) mit eigener Thermalquelle. Gleich daneben ist der **Japanische Garten (Japánkert)** 7 ein Idyll aus kleinen Felsengärten und Tümpeln. Im heißen Wasser der Thermalquellen tummeln sich sogar ein paar Schildkröten. Der Japanischen Garten ist eine der malerischsten Ecken der Margareteninsel. Dazu gehört der **Spielbrunnen (Zenélőkút)** 8 , wo unter dem wachsamen Auge Neptuns regelmäßig zur vollen Stunde Musik erklingt.

Ein Bad in kühlen Fluten

An heißen Sommertagen lockt ein Sprung in die kühlenden Fluten des parkähnlichen **Palatinus-Freibads (Palatinus Strandfürdő)** 1 . Es gibt für das sommerliche Badevergnügen reichlich Auslauf und auch schattige Liegeflächen. Eine Kindheit in Budapest ist fest mit dem Besuch des Palatinus verbunden. Das Bad wurde in den letzten Jahren mit einer Thermalabteilung zu einer Ganzjahresattraktion ausgebaut, was das Freizeitangebot auf der Insel deutlich erweitert.

Die Margareteninsel können Sie auch als Jogger, Radler oder auf Inlinern erkunden. Besonders originell sind die urigen Tretkutschen *(bringóhintó)*, die auf der Insel geliehen werden können.

Raus aus der Stadt –
Ausflug in die Budaer Berge

15

Genug von der Stadt? Kein Problem, Budapest besitzt ein eigenes Mittelgebirge! Zahnradbahn, Kindereisenbahn und Sessellift bringen Sie schnell in die klare Luft der bewaldeten Höhe. Vom Elisabeth-Turm genießen Sie bei schönem Wetter einen fantastischen Ausblick!

Bis zu 527 m ragen die Budaer Berge (Budai hegység) im Westen der Donaumetropole auf. Seit 1874 bewältigt die Zahnradbahn (Fogaskerekű) den steilen Anstieg durch die schicksten und teuersten Wohnlagen der Stadt. Die Talstation der heutigen BKK-Linie 60 ist der Park **Városmajor** **1**, Endstation ist der 482 m hohe **Széchenyi-Berg (Széchenyi-hegy)** **2**.

»Abfahrt!« – in den Budaer Bergen haben Kinder und Jugendliche im Zug das Sagen.

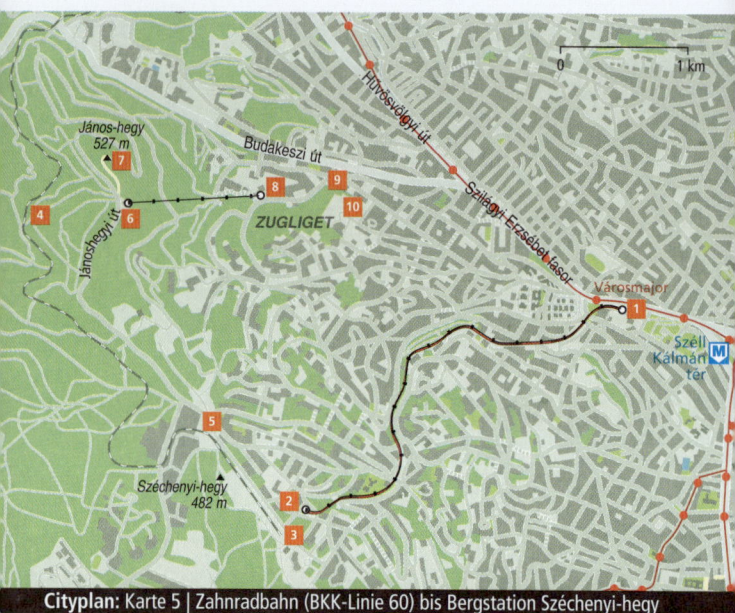

Cityplan: Karte 5 | Zahnradbahn (BKK-Linie 60) bis Bergstation Széchenyi-hegy

ANFAHRT

Zunächst mit der Tram 56, 59 oder 61 ab Metrostation Széll Kálmán tér bis Haltestelle Városmajor, dort Umstieg in die Zahnradbahn (BKK-Linie 60) bis zur Bergstation Széchenyi-hegy (BKK-Linie 60); tgl. 5–23 Uhr, alle 15–20 Min., normale BKK-Fahrscheine.
Sessellift: www.bkk.hu, Zugliget–Jánoshegy; März/Okt. tgl. 10–17, April/Sept. 10–18, Mai–Aug. 10–19, Nov.–Febr. 10–15.30 Uhr (wetterabhängig), 1000/600 HUF (einfach)
Kindereisenbahn 3: www.gyermekvasut.hu, März–Okt. tgl. ca. 9–18, sonst Di–So 9.15–16 Uhr, 800/400 HUF (einfach)

KULINARISCHES FÜR ZWISCHENDURCH

In den Budaer Bergen gibt es einige Imbisse und am Elisabeth-Turm an Sommerwochenenden ein kleines Terrassencafé.

Kindereisenbahn

Oben angelangt, sind es nur wenige Schritte bis zum Bahnhof der **Kindereisenbahn (Gyermekvasút)** 3. Die rund 12 km lange Schmalspurbahn wurde nach dem Zweiten Weltkrieg erbaut und von jugendlichen Pionieren betrieben. Kommunistische Pioniere gibt es nicht mehr, doch die Schaffnerdienste werden immer noch von Jugendlichen erledigt. Die Bahn schlängelt sich nach festem Fahrplan gemütlich durch die Berge Richtung Hűvösvölgy. Steigen Sie an der **Haltestelle János-hegy** 4 aus. Von dort sind es 20–30 Min. zu Fuß bergan (recht steil, ausgeschildert) zur Bergstation des Sessellifts Libegő.

Budapests höchster Gipfel

Wer die Budaer Berge lieber zu Fuß und ohne größere Steigungen erkunden möchte, folgt vom Széchenyi-hegy den Gleisen zum nächsten **Haltepunkt Normafa** **5**. Von hier genießt man einen fantastischen Ausblick. Über die Jánoshegyi út gelangt man durch die Wälder zur 440 m hohen **Bergstation des Sessellifts Libegő** **6**.

Von der Bergstation des Sessellifts führt ein letzter steiler Anstieg in ca. 10 Min. auf Budapests höchsten Berg, den 527 m hohen Johannesberg (János-hegy). Auf dem Gipfel thront der **Elisabeth-Turm** **7**, der 1910 zu Ehren von Kaiserin Sisi errichtet wurde. An klaren Tagen können Sie weit in die Ferne schauen und im Osten sogar den höchsten Berg des Landes erkennen, den Kékes (1014 m).

Den schönsten Abstieg aus den Budaer Bergen ermöglicht der Sessellift. Sanft schwebt der Libegő 15 Minuten lang an den bewaldeten Hängen hinunter ins Tal – genießen Sie den Ausblick auf die Stadt! Von Zugliget kehrt die Buslinie 291 in die Stadt zurück zum Westbahnhof.

ÜBRIGENS

Der Name der Bahnstation **Normafa** (›Baum der Norma‹) geht auf die Opernsängerin Rózalia Schödel zurück, die 1840 unter einer Buche eine Arie aus Bellinis Oper »Norma« zum Besten gab.

→ UM DIE ECKE

Einige hundert Meter unterhalb der **Talstation des Libegő** **8** im Stadtteil Zugliget zweigt rechts die Szarvas Gábor út ab. An der Ecke erinnert der inoffizielle ›**1989-Gedenkpark**‹ **9** des Malteser Caritasdienstes im Garten mit einer Skulptur, einem Trabi und einem Stück Berliner Mauer daran, dass just hier 1989 die Berliner Mauer zu wackeln begann. Wenige Schritte weiter, auf dem Grundstück der Zugligeter **Pfarrkirche Szent Család** **10**, hatten im Sommer 1989 die Malteser ein Flüchtlingslager für DDR-Bürger eingerichtet, welche die Ausreise in den Westen erzwingen wollten. Das riesige Zeltlager beherbergte bald Tausende von Ausreisewilligen. Im September erlaubte die ungarische Regierung schließlich die Ausreise und beschleunigte damit das Ende der DDR enorm. An der Kirche erinnert eine Gedenktafel an die historischen Ereignisse 1989.

EINTRITTSKARTEN *in eine andere Welt ...*
Mehrere Dutzend Museen gibt es in Budapest, hier einige persönliche Favoriten.

UND JETZT ENTSCHEIDEN SIE!

Aquincum-Museum (Aquincumi Múzeum)
April–Okt. Di–So 10–18, sonst Di–So 10–16 Uhr
1600 (Winter 1000)/erm. 800 (500) HUF

○ JA ○ NEIN

Römische Ausgrabungen der einstigen Provinzhauptstadt Aquincum führen im nördlichen Stadtteil Óbuda 2000 Jahre in die Vergangenheit – im Winter ist nur das Ausstellungszentrum geöffnet.
🗺 Karte 2, www.aquincum.hu

Béla-Bartók-Gedenkhaus (Bartók Béla Emlékház)
Di–So 10–17 Uhr
1600/erm. 800 HUF

○ JA ○ NEIN

Béla Bartók (1881–1945) lebte bis zu seiner Emigration mehrere Jahre in diesem Haus am Rand der Budaer Berge. Bekannt ist der Komponist auch als eifriger Sammler ungarischer Volkslieder.
🗺 Karte 5, D2, www.bartokmuseum.hu

Imre-Varga-Sammlung (Varga Imre Gyűtemény)
Di–Fr 10–16, Sa/So 10–18 (Winter Di–So 10–16 Uhr)
800/erm. 400 HUF

○ JA ○ NEIN

Der 1923 geborene Bildhauer Imre Varga schuf in Budapest u. a. das Holocaust-Denkmal an der Großen Synagoge (▶ S. 51), war aber auch u. a. in Deutschland aktiv.
🗺 Karte 2, www.budapestgaleria.hu

Miniversum
tgl. 9–19 Uhr
2700/erm. 1900/2000 HUF

○ JA ○ NEIN

Freunde von Modelleisenbahnen werden diese detailreiche Großanlage am Beginn der Andrássy út lieben, denn auf 1,3 km Gleislänge fahren rund 100 Züge – und Abfahrt!
🗺 Karte 3, F 4, www.miniversum.hu

Ludwig Múzeum
Di–So 10–18 Uhr (Sonder-
schauen bis 20 Uhr)
wechselnde Eintrittspreise

◯ JA ◯ NEIN

Im Palast der Künste ein Hotspot
für zeitgenössische Kunst. Neben
›westlichen‹ Werken (Picasso, Warhol,
Beuys) sind vor allem ungarische und
osteuropäische Künstler im Fokus.
📍 Karte 4, www.ludwigmuseum.hu

Memento Park
Tgl. 10 Uhr bis Sonnen-
untergang
1500/erm. 1000 HUF

◯ JA ◯ NEIN

Bis 1990 standen sie auf öffentlichen
Plätzen, nun sind rund 40 große Statu-
en aus kommunistischer Zeit in diesem
ungewöhnlichen Freilichtmuseum am
südwestlichen Stadtrand ausgestellt.
📍 außerhalb D 8, www.mementopark.hu

Ungarisches Natio-
nalmuseum (Magyar
Nemzeti Múzeum)
Di–So 10–18 Uhr
Dauerausstellung 1600/
erm. 800 HUF

◯ JA ◯ NEIN

Die Geschichte der Ungarn von
den ersten menschlichen Spuren
bis 1990 wird in einem prächtigen
klassizistischen Palast präsentiert.
Ein Highlight: der mittelalterliche
Krönungsmantel.
📍 F 6, www.hnm.hu

Vasarely Múzeum
Di–So 10–17.45 Uhr
600/erm. 300 HUF

◯ JA ◯ NEIN

Victor Vasarely (1908–1997) gilt
als Vater der Op-Art und als ein
Meister der optischen Täuschung. In
dem Óbudaer Museum im Schloss
Zichy sind zahlreiche seiner Werke
ausgestellt.
📍 Karte 2, www.vasarely.hu

Zwack Múzeum
Mo–Sa 10–17 Uhr
2200/erm. 1900/1100 HUF

◯ JA ◯ NEIN

Die Firma Zwack produziert den hoch-
prozentigen Unicum-Kräuterschnaps.
Im Firmenmuseum erfährt man mehr
über die Herstellung und die bewegte
Familiengeschichte; auch Kostproben.
📍 Karte 4, www.zwackunicum.hu

Budapester Museumslandschaft

Rund 3 Mio. Besucher strömen jährlich in die rund 100 Museen und Galerien der ungarischen Hauptstadt. Highlights sind dabei eindeutig die Ungarische Nationalgalerie (►S. 25), das Museum der Bildenden Künste (►S. 67) sowie das Ungarische Nationalmuseum (►S. 79) und das Kunstgewerbemuseum (►S. 81).

Momentan überstrahlt das Mammutprojekt Liget im Stadtwäldchen (►S. 69) alle anderen Museumspläne in Budapest. Bei Redaktionsschluss hatten die Bauarbeiten für die neuen Museen erst zögerlich begonnen, aber sollten auch nur die abgespeckten Pläne realisiert werden, bekommt die Hauptstadt ein Museumsquartier von europäischem Format, das sicher zahlreiche neue Besucher anlocken wird.

Hinter den Flaggschiffmuseen sollte aber die exzellente Auswahl an mittleren und kleinen Museen nicht aus dem Blick geraten – von römischen Ausgrabungen in Aquincum (►S. 78) über Jugendstil und Musik bis zu moderner Kunst und jüdischer Kultur. In kleinen Museen sind englischsprachige Erläuterungen allerdings nicht überall selbstverständlich. Sehr sehenswert sind die hochkarätigen Fotoausstellungen – Erbe berühmter ungarischer Fotografen wie Robert Capa und André Kertész.

TIPPS FÜR DEN BESUCH DER BUDAPESTER MUSEEN

Kombitickets für Museumsbesuche gibt es leider nicht, aber die Budapest Card (►S. 111) gewährt zumindest freien Eintritt zu den Dauerausstellungen einiger interessanter Museen (z. B. Nationalmuseum und Aquincum Museum).

Öffnungszeiten: Im Allgemeinen Di–So 10–18 Uhr, einige Museen sind jedoch dienstags geschlossen, andere schließen im Winter schon um 16 Uhr.

Infos zu den Museen: Auf den beiden folgenden Webseiten finden sich zumindest Basisinformationen (Adresse, Öffnungszeiten, Webseite) zu Museen und aktuellen Ausstellungen:

http://www.budapest.com/stadtfuhrer/kultur/museen.de.html
http://www.museum.hu/?lang=en

In der Nationalgalerie

Prachtbauten im Jugendstil

Budapests ›Goldenes Zeitalter‹ vor dem Ersten Weltkrieg wurde auch von eindrucksvollen Jugendstilbauten geprägt, die bis heute ein wahre Augenweide darstellen. In der ungarischen Hauptstadt hatte der Jugendstil seine ganz eigene Note.

Ödön Lechners Meisterwerk

Kunstgewerbemuseum 🗺 G 7
Eine Gemeinschaftsarbeit von Ödön Lechner mit Gyula Partós, die 1896 den Auftakt für den Jugendstilboom bildete. Schon vom Großen Ring leuchtet das gelb-grüne Dach, während im Inneren die indischen Vorbilder schnell deutlich werden. Der zentrale Lichthof scheint eher für einen Maharadscha-Palast gedacht zu sehen. Fürstlich war schon die Eröffnung durch Kaiser Franz Joseph persönlich.
Üllői út 33–37, www.imm.hu, Metro 3, Tram 4, 6 Corvin-negyed, derzeit wg. Renovierung geschl.

Verstecktes Schmuckstück

Ehemalige Postsparkasse 🗺 E 3
Bei Ödön Lechners Postsparkasse von 1900/01 in der Leopoldstadt ist das gelb-grüne Dach von der engen Gasse leider nur schlecht zu sehen.
Hold utca, Metro 3 Arany János utca

Ein Palast für die Musik

Franz-Liszt-Musikakademie
🗺 Karte 3 G 3/4
Überaus sehenswert! Hier schufen Flóris Korb und Kálmán Giergl 1903–07 ein prunkvolles Gesamtkunstwerk. Schon die Fassade ist beeindruckend, doch im Inneren sind die Jugendstilverzierungen das Highlight. Im frei zugänglichen Erdgeschoss werden Besucher vom kunstvoll verzierten Brunnen der Najaden von Miksa Roth empfangen, rechts und links ergänzte Aladár Körösfői-Kriesch neben den Eingängen zum eindrucksvollen Großen Saal zwei wunderbare Wandfriese. Sein religiös-mystisches Meisterwerk »Die Quelle der Kunst« ist nur bei Führungen oder Konzerten zu sehen.

Liszt Ferenc tér 8, Metro 1: Oktogon; Tram 4, 6: Király utca, www.zeneakademia.hu, Führungen (in Englisch): tgl. 13.30 Uhr, 3500 HUF/erm. 1750 HUF

Weitere Juwelen des Jugendstils

Die Fassade des ehemaligen **Pariser Großkaufhauses** (▶ S. 59) in der Andrássy ut, in der Leopoldstadt der **Gresham-Palast** (▶ S. 54 sowie das **Haus der Ungarischen Sezession** (▶ S. 56), im Jüdischen Viertel die **Orthodoxe Synagoge** (▶ S. 52), außerdem Elefantenhaus und Palmenhaus im **Zoo** (▶ S. 70) sowie in Buda das **Gellért-Heilbad** (▶ S. 39).

Ü ÜBRIGENS

Besonders wirkungsvoll wurde der Jugendstil an der Donau von **Ödön Lechner** (1845–1914) in Szene gesetzt. Lechner war auf der Suche nach einer »ungarischen Architektur«. Nicht historistisch pompös oder patriotisch kraftstrotzend sollte sie sein, nein, Lechner schwebte eine wesentlich leichtere, farbenfrohere Form vor, die sich an indische Vorbilder anlehnte. Lechner war ein moderner Architekt, der auf Stahlträgerkonstruktionen zurückgriff und die damals brandneuen und belastungsfähigen Pyrogranitziegel der südungarischen Firma Zsolnay für seine markanten gelb-grünen Dächer einsetzte.

Nationale Gedenkstätten – Friedhöfe

 Die Budapester Friedhöfe spiegeln auf vielfältige Weise die wechselhafte Geschichte Ungarns, preisen die jeweiligen ›Nationalhelden‹ der Zeit, vermitteln aber auch einen Eindruck von der Beerdigungskultur des Landes und präsentieren einige künstlerische Kleinode. Zugleich sind sie heute weitläufige Parklandschaften.

Nationales Pantheon
Kerepesi-Friedhof 🕮 J–L 6
Der zentrale Kerepesi-Friedhof (Kerepesi temető bzw. Fiumei úti sírkert) an der Fiumei út ist aufgrund seiner eindrucksvollen Grabmäler und seiner parkähnlichen Anlage einer der sehenswertesten Friedhöfe Europas. Hier liegen u. a. die ungarischen Nationalhelden des 19. Jh. begraben. Repräsentative Mausoleen sind etwa Lajos Batthyány, Lajos Kossuth sowie Ferenc Deák gewidmet, die während der Revolution 1848/49 eine große Rolle spielten. Batthyány war erster Ministerpräsident der Revolutionsregierung und wurde dafür von den Habsburgern später hingerichtet, Kossuth führte den militärischen Kampf weiter und ging nach der Niederlage ins Exil, während Deák für die ungarische Seite maßgeblich den politischen Ausgleich mit Österreich 1867 verhandelte. Wesentlich schlichter wurden Ende des 20. Jh. der langjährige kommunistische Regierungschef János Kádár sowie sein demokratischer Nachfolger József Antall beigesetzt.
Neben diesen bekannten Politikern sind auf dem Friedhof auch zahlreiche Künstler auf dem Kerepesi-Friedhof beerdigt, darunter der Schriftsteller Dezső Kosztolányi, der Architekt Miklós Ybl sowie die Maler Mihály Munkácsy und Tivadar Csontváry Kosztka. Bemerkenswert ist, dass bedeutende Bildhauer wie Alajos Stróbl und Zsigmond Kisfaludi Strobl künstlerisch hochwertige Grabmäler beisteuerten, während der Maler Aladár Körösfői-Kriesch am Ende der Arkadenreihe eine großartige Jugendstilkuppel schuf.

Lohnenswert ist ein Blick in das kleine Museum der Pietät (Kegyeleti Múzeum) schräg rechts vom Friedhofseingang. Hier sind u. a. Leichenkutschen sowie seltene Grabhölzer aus Siebenbürgen zu sehen.
Fiumei út, Metro 2, 4 Keleti pu, April–Sept. tgl. 7–19, sonst ca. 7.30–17 Uhr

Revolutionäre von 1956
Neuer Zentralfriedhof 🕮 Karte 6
Im östlichen Vorort Rákoskeresztúr wurden in der äußersten Ecke des Neuen Zentralfriedhofs (Új köztemető) auf den Parzellen 300 und 301 Aufständische der Revolution von 1956 zunächst anonym beerdigt, darunter auch der hingerichtete Ministerpräsident Imre Nagy. 1989 wurden die Leichen exhumiert und öffentlich neu beigesetzt. Die Parzellen sind heute eine Gedenkstätte für die Opfer von 1956 sowie für die des Stalinismus.
Kozma utca, Tram 28 bzw. 37 ab Blaha Lujza tér, April–Sept. tgl. 7–19, sonst ca. 7.30–17 Uhr

Emanzipation und Holocaust
Jüdischer Friedhof 🕮 Karte 6
Der benachbarte Jüdische Friedhof ist zum einen durch seine kunstvollen Grabmäler Ausdruck der jüdischen Emanzipation im frühen 20. Jh., zum anderen aber Mahnmal für die Zehntausenden Opfer der Nazis 1944/45. Eine Gedenkstätte hält in endlosen Reihen die Namen der Ermordeten fest und dokumentiert so das unfassbare Ausmaß des Holocaust.
Adresse, und Anfahrt s. oben, wie Neuer Zentralfriedhof, So–Fr 8–15 Uhr (Sommer bis 16 Uhr)

Gedenkstätten des Holocaust

1944/45 wurden Hunderttausende ungarischer Juden Opfer der Nazis, doch in Budapest konnten trotz intensiver Verfolgung Zehntausende in Ghettos die letzten Kriegsmonate überleben. Zahlreiche Gedenkorte erinnern an die Schrecken des Holocaust.

Zentrum des jüdischen Lebens
Ehem. Jüdisches Viertel F 4/5
Einen ersten Einblick in das vielseitige jüdische Kulturleben und den Terror der Nazis vermittelt der Besuch des **Ungarischen Jüdischen Museums** neben der **Großen Synagoge** (S. 51) an der Dohány utca sowie der angeschlossene **Raoul-Wallenberg-Gedenkpark** mit dem **Holocaust-Denkmal.** Das ganze Viertel war im Winter 1944/45 als zentrales Ghetto der Budapester Juden eingemauert worden. Das zweite Ghetto befand sich im Stadtviertel Új Lipótváros nördlich des Großen Rings.

Verfolgung und Überleben
Holocaust-Gedenkzentrum (Holokauszt Emlékközpont) Karte 4
Eine ehemalige Synagoge von Lipót Baumhorn (1924) wurde im Stadtteil Ferencváros jenseits des Großen Rings zu einem modernen Gedenkort für die Opfer des Holocausts umgewandelt – bedrückend sind die Dokumente des Leidenswegs von Juden und Roma, der hier vom Ersten Weltkrieg bis Auschwitz auf sehr bewegende Weise nachgezeichnet wird.
Páva utca 39, www.hdke.hu, Metro 3, Tram 4, 6: Corvin-negyed, Di–So 10–18 Uhr, 1400 HUF/ erm. 700 HUF

Bewegendes Mahnmal
Schuhe am Donauufer
Karte 3, D 3
Die ungewöhnliche Skulptur »Schuhe am Donauufer« (Gyula Pauer, 2005) am Pester Donauufer südlich des Parlaments erinnert daran, dass ungarische Faschisten im Winter 1945/46 am Donauufer zahlreiche Erschießungen von Juden

durchführten. Ganz in der Nähe ist auf dem Szabadság tér vor der US-Botschaft dem Schweizer Carl Lutz für seinen unermüdlichen Rettungseinsatz ein Denkmal gewidmet.
Antall József rakpart, Metro 2, Tram 2: Kossuth Lajos tér

ÜBRIGENS

Die ungarischen Juden konnten sich in der zweiten Hälfte des 19. Jh. politisch, religiös und gesellschaftlich weitgehend emanzipieren. Doch unter dem ›Reichverweser‹ Miklós Horthy wurde Ungarn zum Verbündeten Hitlers. 1944 besetzten die Nazis Ungarn dennoch und begannen sofort mit der Deportation und Ermordung der Juden. Nur in Budapest konnte ein großer Teil der jüdischen Bevölkerung dank der unermüdlichen Hilfe ausländischer Diplomaten wie dem Schweden Raoul Wallenberg und dem Schweizer Vizekonsul Carl Lutz gerettet werden. Zu den Überlebenden zählten u. a. die Schriftsteller György Konrád und György Dalos. Konrád hat diese Schreckensmonate in seinem Buch »Glück« eindrücklich geschildert. Der Literatur-Nobelpreisträger Imre Kertész (1929–2016) überlebte als Jugendlicher die KZs Auschwitz und Buchenwald und schrieb mit dem »Roman eines Schicksallosen« eines der bewegendsten Bücher zum Holocaust.

Pause. Einfach mal abschalten

Sie brauchen etwas Erholung vom Stadtleben? Dann sind die weitläufigen Parks und die Budaer Berge genau richtig. Oder wie wäre es mit einem Besuch der faszinierenden Höhlenwelt oder einfach mal ganz raus aus der Hauptstadt in die Barockstadt Szentendre oder zum Sisi-Schloss Gödöllő?

Hinein ins Grüne
Parks
Wer in Budapest auf der Suche nach schönen Grünanlagen und Parks ist, besucht vor allem das **Stadtwäldchen**, die **Margareteninsel** (▸ S. 72) oder macht sich auf den Weg in die **Budaer Berge** (▸ S. 75). Hier kann man sich perfekt von der Hektik der Großstadt erholen.

Mal kurz durchatmen
Kleinere Grünanlagen in der Innenstadt
Die Innenstadt von Pest ist hingegen nicht unbedingt mit viel Grün gesegnet. Erholsame kleine Grünoasen sind jedoch der von Prachtbauten umgebene park-ähnliche **Szabadság tér** (▸ S. 56) in der Leopoldstadt. Auf den (überbauten) Ruinen eines alten römischen Kastells sitzt es sich entspannt im Schatten der **Innerstädtischen Pfarrkiche** (▸ S. 44) auf dem **Március 15. tér**, während der **Károlyi kert** zwischen Egyetem tér, Károlyi utca und Magyar utca ein verstecktes Grünjuwel mitten in der südlichen Innenstadt ist.

Wohliges Badevergnügen
Wellness im Thermalbad
Budapest ist die Stadt der Thermalbäder, die Wellness pur versprechen. Besondere Highlights sind ein Besuch im 450 Jahre alten osmanischen **Rudas-Heilbad**, im großartigen Jugendstiltempel des **Gellért-Heilbads** sowie im palastartigen **Széchenyi-Heilbad**. Hier lässt sich der Stress des Alltags im heißen Thermalwasser komplett vergessen. Weitere empfehlenswerte Bäder ▸ S. 40.

Die Altstadt von Szentendre ist ein barockes Schmuckstück.

Budapest von unten
Pálvölgyi-Höhle (Pálvölgyi-barlang)
🗺 Karte 5, F 2

Die ungarische Hauptstadt hat mit mehr als 100 Höhlen unter Tage sehr viel zu bieten. Für Besucher stehen zwei Höhlen offen: Am schönsten ist die wunderbare Pálvölgyi-Höhle am Hang der Budaer Berge. Sie ist mit inzwischen 31 erkundeten Kilometern die längste in ganz Ungarn. 500 m sind für Besucher gut ausgebaut (aber mit vielen Treppen) und sehr sehenswert. Der Eingang liegt in einem idyllischen alten Steinbruch.

Szépvölgyi út 162, www.dunaipoly.hu, Bus 65 ab Kolosy tér (Tram 17, 19, 41) bis Pálvölgyi csepp-kőbarlang, Di–So 10–16 Uhr, 1400/1100 HUF

Ausflug in eine Barockstadt
Szentendre 🗺 Karte 6

Das malerische Barockstädtchen 20 km nördlich von Budapest wurde durch die serbischen Einwanderer im 17. und 18. Jh. sowie durch in den 1920er-Jahren entstandene Künstlerkolonie geprägt. Auch wenn heute viele Touristen nach Szentendre kommen, so finden sich abseits der zentralen Fußgängerzone noch immer ruhige Winkel, die zu einem Bummel einladen. Außerdem gibt es einige sehenswerte Museen.
Vom Endpunkt der Vorortbahn geht es durch die Kossuth Lajos utca Richtung Ortsmitte. Dabei passiert man das **Ferenczy-Museum** (www.femuz. hu, Di–So 10–18 Uhr), das Werke der renommierten Künstlerfamilie Ferenczy ausstellt.
Durch die verkehrsberuhigte Dumtsa Jenő utca mit ihren ansprechenden Cafés und Restaurants geht es zum barocken Fő tér (Hauptplatz). Zwischen dem Platz und der schönen Donaupromenade liegt in der Vastagh György utca das **Margit-Kovács-Museum** (www.femuz.hu, tgl. 10–18 Uhr) mit der ausdrucksvollen Sammlung der bekannten ungarischen Keramikkünstlerin (1902–77).
Vom Fő tér führen schmale Treppen hinauf zur **Pfarrkirche St. Johannes** auf dem Burghügel, einem schönen Aussichtspunkt mit Donaublick.

Sehenswert ist auf dem Platz zudem das **Czóbel-Museum** (www.femuz. hu, April–Sept. Mi–So 14–18 Uhr). Béla Czóbel (1883–1976) war eine der schillerndsten ungarischen Malerpersönlichkeiten des 20. Jh. Wenige Schritte weiter liegt die serbisch-orthodoxe **Belgrad-Kirche** in idyllischer Umgebung.

Eintritt: Alle drei Museen sind mit einem Kombiticket (2000/1200 HUF) zu besuchen.
Anfahrt: Vorortbahn HÉV H5 ab Metrostation Batthyány tér (ca. 40 Min.)

Besuch bei Sisi
Schloss Gödöllő 🗺 Karte 6

Bekannt geworden ist das barocke Königliche Schloss Gödöllő (Gödöllői Királyi Kastély) durch Kaiserin Elisabeth. Sie galt als große Freundin der Ungarn, was sie dort schon zu Lebzeiten zu einer Legende machte. Der ungarische Staat hatte den Palast 30 km nordöstlich von Budapest ›Sisi‹ und ihrem Mann Franz Joseph 1867 anlässlich ihrer Krönung zu Königin und König von Ungarn geschenkt. Erbaut wurde das Schloss ab 1735 für den Grafen Antal Grassalkovich. Prachtvoll sind die restaurierten Gemächer von Franz Joseph und Sisi sowie der Kleine Krönungssaal und der Prunksaal. Lohnenswert ist auch der Blick in die Schlosskapelle sowie die Führung durch das sehr seltene barocke Kulissentheater (1783).

Ab Örs vezér tere (Endstation Metro 2) Vorortbahn HÉV H8 bis Haltestelle Gödöllő Szabadság tér (ca. 45 Min.), www.kiralyikastely.hu, April–Okt. Mo–Do 9–17, Fr–So 10–18, Nov., Dez., Febr., März 10–16 Uhr, 2600/1500 HUF (Barocktheater 1600/900 HUF)

Wer genug vom vielen Laufen hat und die Stadt einfach eine Zeit lang an sich vorbeiziehen lassen möchte, sollte sich auf eines der **Linienschiffe** setzen und in Ruhe ein Stückchen über die Donau schippern.

Im Trend: Apartments

An der Donau lässt es sich gut nächtigen – vielleicht nicht unbedingt mit Blick auf den Fluss, aber selbst das lässt sich arrangieren. Die ungarische Hauptstadt hat zahllose Unterkünfte für jeden Geldbeutel anzubieten. Das Angebot reicht von luxuriösen Fünf-Sterne-Hotels über komfortable Mittelklassehotels und Pensionen bis zu preisgünstigen Apartments, Privatzimmern und Hostels. Wie auch in anderen Großstädten geht der Trend in Budapest immer stärker zu Ferienwohnungen. Diese finden sich zumeist in den zentralen Lagen innerhalb des Großen Rings in Pest. Hotels können auch weiter außerhalb liegen.

Vor allem in der Nebensaison (Oktober bis März) lassen sich gute Deals erzielen, ansonsten lohnt eine frühzeitige Online-Recherche. Betten in den zahlreichen Hostels gibt es ab ca. 10 €. Apartments sind bereits ab ca. 30 € (ohne Frühstück) zu bekommen. Bei Pensionen gelten 40–75 € für ein Doppelzimmer mit Frühstück als Norm, in Mittelklassehotels ca. 70–140 € und 5-Sterne-Hotels beginnen bei ca. 150 €. Die Preise werden vielfach in Euro berechnet. Man kann aber natürlich auch zum Tageskurs in Forint bezahlen. Zur Formel 1 im Sommer ist Budapest fast ausgebucht und es werden Zuschläge erhoben. Das gilt auch für Silvester.

Hinweis: Man sollte darauf achten, ob die angegebenen Preise bereits die Mehrwertsteuer (ÁFA), Tourismusabgabe (IFA) und ggf. das Frühstück enthalten.

ZUM SELBST ENTDECKEN

Angenehme Wohnlagen im Innenstadtbereich sind natürlich die donaunahen Bezirke in Pest und Buda. Auf der Pester Donauseite gelten dabei Adressen **innerhalb des Großen Rings** (inkl. Andrássy út) als zentral. Wer ausgehfreudig ist, wird sich im **ehemaligen jüdischen Viertel,** in der **Terézváros** und in der **südlichen Leopoldstadt** wohlfühlen. Andere Bereiche der Innenstadt können durchaus ruhig sein. In Buda gelten die Gegend rund **um die Budaer Burg** und den **Gellértberg** als zentral. Weiter außerhalb sollte man auf gute Verkehrsanschlüsse achten.

Unterkünfte im Internet
www.booking.com
www.budapesthotel reservation.hu
www.flatrentbudapest. com
www.wg-gesucht.de
www.airbnb.de

Lanchíd 19: Design-Hotel mit fantastischer Aussicht

Sympathische Pension in Buda
Ábel Panzió ⌂ C 8

Die vor 100 Jahren im Jugendstil erbaute Villa bietet in einer ruhigen Seitengasse auf der Südseite des Gellértbergs zehn sympathische Doppelzimmer, einen Gesellschaftsraum sowie Terrasse und Garten. Die günstige Pension in Buda bietet über die Straßenbahn und die Metro 4 (ab Móricz Zsigmond körtér) eine vergleichsweise gute Anbindung an die Innenstadt – eher für Publikum, das nicht bis spät in die Nacht feiern möchte.

XI., Ábel Jenő utca 9, T 1 381 05 53, www.abel panzio.hu, Tram 17, 61: Szüret utca, DZ/ÜF ca. 40–50 €

An der Matthiaskirche
Burg Hotel ⌂ C 4

Zentraler im malerischen Burgviertel geht es nicht, denn das solide Mittelklassehotel liegt direkt gegenüber der Matthiaskirche. Von außen sieht es ein wenig realsozialistisch aus, doch die Einrichtung der 26 Zimmer ist ansprechend und die Preise sind für die Lage angemessen. Nur die Zimmer im 3. OG unter dem Dach sind kleiner. Während tagsüber die Touristenströme vorbeiziehen, wird es abends im nahezu autofreien Burgviertel angenehm ruhig.

I., Szentháromság tér 7–8, T 1 212 02 69, www. burghotel-budapest.com, Bus 16, 16A, 116: Szentháromság tér, DZ/ÜF ca. 55–100 €

Unterhalb der Fischerbastei
Budavár Panzió ⌂ C 4

Wenige Schritte unterhalb der Fischerbastei befindet sich die freundliche Pension an einer ruhigen Gasse am Hang der Wasserstadt. Viele Zimmer in dem modernen Haus verfügen über Balkon. Zumeist wird ein Mindestaufenthalt von zwei Nächten erwartet.

I., Szabó Ilonka utca 15A, T 309 22 08 01, www.budavar-pension.com, Bus 16: Donáti utca (ab Deák Ferenc tér), DZ/ÜF ca. 45–85 €

Panoramablick am Donauufer
Art'otel ⌂ C/D 4

Die hervorragende Lage am Budaer Donauufer zwischen Kettenbrücke und Metrostation Batthyány tér, der tolle Panoramablick und die kreative Ausstattung sind die Markenzeichen des feschen 4-Sterne-Hotels. Interieur und Gemälde stammen vom amerikanischen Künstler Donald Sultan. Zum Art'otel gehören auch vier großzügig renovierte Barockgebäude auf der Rückseite. Versuchen Sie sich ein Zimmer mit Donaublick zu sichern.

I., Bem rakpart 16–19, T 1 487 94 87, www. artotel.de, Metro 2: Batthyány tér, Tram 19, 41: Halász utca, DZ/ÜF ab.ca. 115 €

Futuristisches Designer-Schick
Lánchíd 19 ⌂ D 5

Budapests erstes Design-Hotel hat bereits einige Architekturpreise für die unkonventionelle Ausführung und Gestaltung erhalten. U. a. bewegen sich die beleuchteten Fassadenlamellen quasi im Gleichklang mit den Wellen des Flusses. Die postmoderne ›Kettenbrücke 19‹ bietet unterhalb des Burgschlosses – und direkt neben dem großartig renovierten Várkert Bazár – 45 Zimmer und drei elegante Suiten im obersten Stock. Nach vorne toller Blick auf die Donau und zur Kettenbrücke.

I., Lánchíd utca 19, T 1 457 12 00, www. lanchid19hotel.hu, Tram 19, 41, Bus 16, 105: Clark Ádám tér, DZ/ÜF ab ca. 125 €

Schwimmbad vor der Zimmertür
Hotel Császár ⌂ Karte 2

Nordwestlich der Margaretenbrücke wohnt man sehr günstig in einem Schwimmbadkomplex, der für Hotelgäste kostenlos zu benutzen ist. Das Lukács-Heilbad und ein weiteres Heilbad (Veli Bej) liegen um die Ecke. Die einfachen Zimmer sind recht klein, aber modern und günstig. Im EG sind die Zimmer vergittert, im 1. OG jedoch offen.

II., Frankel Leó út 35, T 1 336 26 40, www. csaszarhotel.hu, Tram 17, 19, 41: Szent Lukács Gyógyfürdő DZ/ÜF ca. 40–65 €

Wellness-Oase auf der Insel
Danubius Health Spa Resort Margitsziget ⌂ Karte 2

Auf der fast autofreien Margareteninsel verfügt das große und gut renovierte Wellnesshotel der Danubius-Kette

Erste Adresse für Wellness-Fans ist das Thermalhotel Margitsziget auf der Margareteninsel.

über eine eigene Thermalquelle. In der erholsamen Parklandschaft lassen sich ungestört vom Trubel der Metropole die Kuranwendungen im Hotel genießen – dennoch ist die Innenstadt zumindest bis ca. 22 Uhr per Bus schnell zu erreichen. Hier kann man Wellnessurlaub in Kurbadatmosphäre mitten in einer Hauptstadt buchen, das ist eine durchaus ungewöhnliche Kombination. XIII., Margitsziget, T 1 889 47 00, www.danubiushotels.com/margitsziget, Bus 26: Szállodák (Hotels), DZ/ÜF ab ca. 110 €

Hostel mit Kirchenblick
Pál's Hostel
🏠 Karte 3, E 4
In Sachen Hostel-Unterkunft bietet Pál's rund um den Szent István tér in zentraler Lage bis zu 100 Betten auf mehrere Apartments verteilt. Dabei stehen Apartments für zwei bis acht Personen (z. T. mit Küche), (kleine) Schlafsäle, DZ (mit und ohne eigenes Bad) und sogar EZ im Angebot. Die Rezeption befindet sich im Haupthaus im zweiten Stock. Frühstück gibt es per Voucher im nahe gelegenen Café Vian, Regenschirme können kostenlos genutzt werden. Kleine Filiale am Oktogon.

V., Szent István tér 3, T (06) 305 24 24 66, https://palshostel.com, Metro 1, 2, 3, Tram 47, 49, Bus 16, 105: Deák Ferenc tér, Bett ca. 11–30 €, DZ ca. 40–80 €

Schwulen- und lesbenfreundlich
Connection Guesthouse
🏠 Karte 3, F 4
Das Connection bietet seit mehr als einem Jahrzehnt schwulen und lesbischen Gästen unweit des Pester Broadways und am Rande des beliebten Ausgehviertel im ehemals jüdischen Viertel in sehr freundlicher Atmosphäre neun saubere Zimmer, allerdings nicht alle mit eigenem Bad/WC. Selbstverständlich auch Budapester Szenetipps.

XI., Király utca 41, T 1 267 71 04, www.connectionguesthouse.com, Metro 1 Opera, O-Bus 70, 78 Akácfa utca, DZ ca. 40–90 €, Frühstück 6 €/Pers.

Für Selbstversorger
Nova Apartments 🏠 G 4
Mitten im angesagten Ausgehviertel der Elisabethstadt bieten die modernen, sehr gut ausgestatteten Ferienwohnungen eine gute Basis für Selbstversorger. Die Apartments sind unterschiedlich groß, haben aber alle eine Küchenzeile. Z. T. befinden sie sich in einem

Nachbarhaus, manche haben sogar ein Balkon. Der Service ist freundlich und kompetent. In dem Nachbarhaus befindet sich mit Agape (www.agape aparthotelbudapest.com) ein weiterer beliebter Anbieter für Apartments.

VII., Akácfa utca 26, T (06) 30 442 87 31, www. novabudapest.com, Tram 4, 6: Apartments ca. 35–110 €

Postmoderner Schick
Soho Boutique Hotel 🛏 G 4

Von außen wirkt das Designer-Hotel recht klein, aber im Inneren warten 68 schicke Zimmer. Der Service ist sehr freundlich und die Lage unmittelbar am Großen Ring und am Zugang zum jüdischen Viertel sehr günstig. Preislich attraktiv sind die Sonderangebote wochentags.

VII., Dohány utca 64, T 1 872 82 92, www. sohoboutiquehotel.com, Metro 2, Tram 4, 6: Blaha Lujza tér, DZ/ÜF ab ca. 90 €

Nobles Bauhaus
Mamaison Hotel Andrássy 🛏 H 2

In früheren Zeiten stiegen in dem noblen Bauhaus-Hotel sowjetische Parteigrößen ab, darunter Breschnew und später auch Gorbatschow. In gänzlich neuer Aufmachung warten heutzutage stilvolle und geräumige Zimmer auf die Gäste. Die schöne Lage an der Andrássy út unweit des Heldenplatzes ist ein weiteres Plus des komfortablen Hotels.

VI., Andrássy út 111, T 1 462 21 00, www. mamaison.com, Metro 1: Bajza utca, DZ/ÜF ab ca. 125 €

Ruhig schlafen im Palastviertel
Budapest Guest Rooms 🛏 Karte G 5

Judit Somogyi hat in einem schön renovierten Wohnhaus aus dem frühen 20. Jh. eine freundliche Pension eingerichtet. Die fünf Zimmer mit Bad/WC befinden sich auf der Halbetage gleich rechts vom Eingang. Hier im Palastviertel der Josefstadt ist es noch sehr ruhig, und doch sind Nationalmuseum und jüdisches Viertel zu Fuß gut zu erreichen. Die Gastgeberin gibt gerne Tipps. Da es keine 24-Stunden-Rezeption gibt, muss man vorher die Ankunftszeit vereinbaren. An der Erkel utca werden in der

Nähe der Zentralen Markthalle auch einige Apartments angeboten.

VIII., Kőfaragó utca 7, T 1 783 77 02, www. budapestguestrooms.com, Metro 4, Tram 4, 6: Rákóczi tér, DZ/ÜF ca. 55–70 €, Frühstück 5 €/Pers.

Ein Hauch Paris
Gerlóczy 🛏 Karte 3, F 5

19 sehr stilvoll eingerichtete Nichtraucher-Zimmer oberhalb des gleichnamigen Cafés (► S. 47). Die Mittelzimmer in der ersten und zweiten Etage haben einen kleinen Balkon, vier Zimmer befinden sich unter dem Dach. Frühstück (12 €/Pers.) wird unten im Café serviert. Das Gerlóczy ist eine sehr attraktive Adresse in der Pester Innenstadt. Von hier aus lässt sich Pest zu Fuß bestens erkunden.

V., Gerlóczy utca 1, T 1 501 40 00, www. gerloczy.hu, Metro 1, 2, 3, Tram 47, 49, Bus 9, 16, 105: Deák Ferenc tér, DZ ca. 80–120 €

An der Elisabethbrücke
City Hotel Mátyás 🛏 Karte 3, E 6

Das sehr zentrale 3-Sterne-Hotel liegt zwischen Elisabethbrücke und der Fußgängerzone Váci utca. 85 nette Zimmer im Mittelklasseformat und ein guter Service sind weitere Pluspunkte. Unbedingt versuchen, ein höher liegendes Zimmer mit Donaublick zu bekommen.

V., Március 15. tér 7–8, T 1 338 47 11, www. cityhotel.hu, Metro 3, Bus 5, 7, 8, 107: Ferenciek tere, DZ/ÜF ca. 60–90 €

Modernes Wohnhaus
Boulevard City 🛏 G 7

In dem Neubau unweit des Großen Rings in der Ferencváros werden 25 moderne und gut gepflegte Zimmer im rustikalen Landhausstil vermietet. Die Rezeption befindet sich ganz oben im 8. Stock. Dort ist Zimmer 4 z. B. ziemlich groß mit eigenem Balkonumgang. Für Selbstversorger sind die Studios und Apartments eine gute Alternative. Die Hauptsaison im Boulevard City ist aufgrund von Konferenzen etc. Mai bzw. September.

IX., Angyal utca 13, T 1 215 21 69, www.boulevardcity.hu, Tram 4, 6: Mester utca, DZ ab ca. 40 €, Apartments ab ca. 50 € (ab 2 Nächten), Frühstück 7 €/Pers.

Wohin zum Essengehen? Die meisten Restaurants konzentrieren sich auf die zentralen Pester Stadtbezirke zwischen Donau und Großem Ring. Besonders viele Restaurants und Cafés gibt es in der Pester Innenstadt, im alten jüdischen Viertel, rund um den Liszt Ferenc tér sowie in der Leopoldstadt. Auf der Budaer Flussseite sind das Burgviertel sowie die Wasserstadt gute Adressen.

Preise: Günstige Menüs sind schon für 3–5 € (900–1500 HUF) zu bekommen, allgemein zahlt man für Hauptgerichte rund 7–13 € (2100–4000 HUF).

Trinkgeld: Für Kellner sind ca. 10 % Trinkgeld Standard. Werden der Rechnung aber bereits 10–15 % Servicegebühr hinzugerechnet, so können Sie auf das Trinkgeld verzichten.

Gulasch allein macht nicht glücklich

Die Zeiten, als am Donauufer nur ungarische Hausmannskost im Mittelpunkt stand, sind schon lange vorbei. Die Gastroszene hat sich in Budapest enorm aufgefächert und internationalisiert.

Natürlich gibt es noch immer günstige Traditionslokale, die herzhafte ungarische Spezialitäten anbieten. Doch durch die lebendigen Szene-Treffs, die eleganten Nobelrestaurants und die hervorragenden Lokale mit internationaler und vegetarischer Küche haben sie starke Konkurrenz bekommen.

Immer mehr hauptstädtische Köche sind experimentierfreudig geworden, ihre Kreationen genügen anspruchsvollsten Gaumen und gewinnen regelmäßig Michelin-Sterne. Ein relativ neuer Trend für die traditionell eher fleischlastigen Ungarn ist die wachsende Beliebtheit vegetarischer und veganer Angebote. Ein großes Thema der letzten Jahre ist die Wiederentdeckung gehobener ungarischer Weine, die im Ausland zu Unrecht kaum bekannt sind. Wie wäre es mit einem guten Tropfen Erlauer Stierblut (Egri bikavér), einem Blaufränkischen *(kékfrankos),* einem Blaustengler *(kéknyelű)* oder einem Lämmerschwanz *(juhfark)?* Und last but not least sind die prall gefüllten Kuchentheken der exzellenten Konditorei-Cafés eine echte Versuchung. Die Budapester haben einen sehr süßen Zahn.

Leicht und frisch kann die ungarische Küche auch: Dessert mit Topfen (Quark).

SO BEGINNT EIN GUTER TAG IN BUDAPEST

Drei Mal Toplage
Café Vian 🕐 Karte 3, F 3 bzw. F 4 bzw. E 4

Sowohl am Café-Platz Liszt Ferenc tér wie auch im geschäftigen Gozsdu-Hof und in der Leopoldstadt hat das Café Vian in bester Lage einladende Filialen eröffnet. Morgens gibt es leichtes Frühstück mit Croissants, mittags und abends wird auch eine größere Karte geboten. An den ersten beiden Locations kann man auf der Terrasse dem bunten Treiben zuschauen, auf dem Liszt-Platz sogar unter hohen Bäumen!

VI., Liszt Ferenc tér 9, T 1 268 11 54, www.cafevian.com, Metro 1, Tram 4, 6: Oktogon, tgl. 9–1 Uhr; VII., Király utca 13/Dob utca 16 (Gozsdu-Hof C), T 1 878 13 50, Metro 1, 2, 3, Tram 47, 49, Bus 9, 16, 105: Deák Ferenc tér, Mo–Fr 8.30–24, Sa/So 9–24 Uhr; Hercegprímás utca 15, T 1 951 90 76, Metro 3: Arany János utca, Mo–Fr 8.30–24, Sa/So 9–24 Uhr

Großstadtflair am Ring
Európa Kávéház 🕐 E 2

Am Großen Ring pulsiert das Leben und im Café Europa kann man ungestört zuschauen. Ideal, um nach einem Bummel durch die Kunstmeile Falk Miksa utca die leckeren Süßwaren aus der hauseigenen Konditorei zu kosten. Hier treffen sich die Leute aus der Nachbarschaft.

V., Szent István körút 7–9, T 1 312 23 62, www.europakavehaz.hu, Tram 2, 4, 6: Jászai Mari tér, tgl. 8.30–20 Uhr

Zwischen Büchern und Kunst
Kelet 🕐 E 8

An der belebten Bartók Béla út in Újbuda ist das Kelet (›Osten‹) ein sympathisches und lockeres Szenecafé mit hohen Bücherregalen und einer kleinen Galerie. Durch die hohen Fenster fällt viel Licht ein. Frühstück, Häppchen und Kuchen.

XI., Bartók Béla út 29, T (06) 204 56 55 07, Tram 19, 41, 47, 49, 56: Gárdonyi tér, Mo–Fr 7.30–23, Sa/So 9–23 Uhr

Kleines Kino, großes Fenster
Kino Café 🕐 E 2

Am Großen Ring neben dem Lustspieltheater ist das sehr nette und helle Café mit einem kleinen Programmkino eine einladende Adresse, um durch die zwei hohen Fenster tagsüber das Treiben auf dem Boulevard zu beobachten. Neben leckeren Sandwiches gibt es auch Salate und eine kleine Dessert-Auswahl. Besonders bequem sind die Sofas.

XIII., Szent István körút 16, T 1 781 94 53, www.kinocafe.hu, Tram 2, 4, 6: Jászai Mari tér, tgl. 9–23 Uhr

UNGARISCHE SPEZIALITÄTEN

In der ungarischen Küche herrscht die klassische fleischlastige Hausmannskost vor. Es gibt aber auch lecker zubereitete Fischgerichte, und in Budapest wird leichte und vegetarische bzw. vegane Kost immer populärer. Die Ungarn lieben Suppen, darunter die traditionelle Fischsuppe *halászlé*, die es vor allem mit Karpfen *(ponty)* und Wels *(harcsa)* gibt, sowie die Gulaschsuppe *gulyásleves*. Das international als ›Gulasch‹ bekannte Gericht heißt im Ungarischen *pörkölt*. Unter den traditionellen Fleischgerichten zählen das Wiener Schnitzel *(Bécsi szelet)*, gefüllte Paprika *(töltött paprika)* und gefüllte Krautrouladen *(töltött káposzta)* genauso zu den Klassikern wie die sehr fette Gänseleber *(libamáj)*. Im Fischbereich ist der Welspaprikasch mit Quarknudeln *(harcsa paprikás túrós csuszával)* sehr beliebt.

Wer dann noch ein wenig Platz für Süßes hat, sollte unbedingt eine *palacsinta* (Pfannkuchen, zumeist mit süßem Belag) oder Schomlauer Nockerln *(Somlói galuska)* probieren.

Ehemalige Busstation
Tranzit Art Café  außerhalb D 8
Relaxtes Café in einem ehemaligen Busbahnhof am Kosztolányi Dezső tér im südwestlichen Stadtteil Neubuda (Új-buda). Im lichtdurchfluteten Wartesaal sitzt man gemütlich bei Kaffee und kleinen Bistrogerichten. Drinnen gibt es Sofas, draußen im Sommer Hängematten. Regelmäßige Wechselausstellungen sowie eine Spielecke für den Nachwuchs – eine Bereicherung für die Cafészene!

XI., Bukarest utca, T 1 209 30 70, www.tranzit cafe.com, Tram 19, 49, Bus 7, 107, 150: Kosztolányi Dezső tér, Mo–Fr 9–22 Uhr

- -

WO ESSEN AUF NACHHALTIGKEIT TRIFFT

- -

Bio auf dem Prachtboulevard
Ecocafé  G 3
Im zweiten Teil der Andrássy út sind Cafés und Restaurants rar gesät. Umso willkommener ist das sonnendurchflutete und freundliche Ecocafé mit seiner lockeren Atmosphäre. Im Angebot stehen leckere Vollkorn-Sandwiches, Bio-Croissants, fairgehandelter Bio-Kaffee, Chai, frisch gepresster Orangensaft und sogar vegane Pralinen. Kein Wunder, dass das Café sehr populär ist und es tagsüber manchmal schwer ist, einen Sitzplatz zu ergattern.

VI., Andrássy út 68, www.ecocafe.hu, Metro 1: Vörösmarty utca, Mo–Sa 7–19, So 8–19 Uhr

Vegane Küche in Buda
Édeni Vegán Étterem  C 3
Das sympathische Édeni bietet hinter der umgebauten Markthalle an der Metrostation Batthyány tér vegane Gargerichte sowie sehr leckeren veganen Kuchen und Bio-Kaffee. Hier wird viel Soja, Kokosmilch, Carob und Honig verwandt – auch glutenfreie Gerichte. Zum Frühstück und zum Mittagessen gibt es günstige Menü-Angebote. Nett ist die kleine Terrasse vor dem Lokal.

I., Iskola utca 31, T (06) 703 17 67 24, www.edenivegan.hu, Metro 2, Tram 19, 41: Batthyánytér, tgl. 8–20 Uhr, Hauptgerichte ca. 700–1900 HUF

Frisch und fruchtig
Fruccola  Karte 3, E 4; E 5
Das helle kleine Fruccola im Goldberger-Haus in der Leopoldstadt ist sicherlich die nettere Filiale (▸ S. 57). Dafür hat das trendig minimalistische Fruccola am Kristóf tér neben der Váci utca auch samstags offen (im Sommer sogar sonntags) und verfügt zudem über eine Terrasse. Das leckere Frühstück, die frischen Salate und Fruchtsäfte sowie die wöchentlich wechselnden Hauptgerichte bieten immer auch vegetarische und vegane Optionen.

V., Arany János utca 32; V., Kristóf tér 3, Metro 1: Vörösmarty tér, Mo–Fr 7–21, Sa 8–21, Mitte April–Sept. auch So 8–19 Uhr, T 1 430 61 25, www.fruccola.hu, Hauptgerichte ca. 1100–2900HUF

Krishnas vegetarische Ecke
Govinda vega sarok  Karte 3, F 6
In ihrem hellen Café in der Pester Innenstadt bieten die Krishna-Jünger aus einer Gar-Theke z. T. Bio-Produkte aus eigenem Anbau in der Balaton-Gegend. Sehr günstig sind die Tagesmenüs sowie

Im Trend: Cafés im Retro-Look

die Bhima-Teller mit mehreren kleinen Portionen. In der Vigyázó Ferenc utca 4 in der Leopoldstadt (D/E 4) gibt es als Kontrastprogramm eine zweite Filiale in einem Keller.

V., Papnövelde utca 1, T (06) 205 54 99 19, www.govinda.hu, Metro 3, Bus 5, 7, 8, 107: Ferenciek tere, Mo–Fr 11.30–21, Sa 12–21 Uhr, Hauptgerichte ca. 700–900 HUF

Vegane Delikatessen
Napfényes Étterem és Cukrászda
🍴 Karte 3, E 5

Dass vegane Küche auch in Budapest langsam in den Mainstream vordringt, beweist dieses moderne Restaurant mit angeschlossener Konditorei. Die rein vegane Küche basiert vor allem auf Soja, Tofu, Seitan sowie Salaten. Jeden Tag gibt es wechselnde und günstige Hauptgerichte, die immer auch ungarische Klassiker nachahmen, z. B. gefüllte Paprika oder Krautwickel. Die vegane Kuchentheke ist eine Verlockung. Dazu gibt es Säfte, Bio-Tees und Getreide-Kaffee. Etwas gewöhnungsbedürftig ist vielleicht die Farbkombination aus Weiß und Lila, aber das ›sonnige‹ Restaurant ist in der Tat eine willkommene Ergänzung der Gastroszene.

V., Ferenciek tere 2 (Ecke Veres Pálné utca/Cúria utca, T (20) 311 03 13, www.napfenyesetterem. hu, Metro 3, Bus 5, 7, 8, 107: Ferenciek tere, tgl. 12–22.30 Uhr, Hauptgerichte 2200–2400 HUF

Auf der Sonnenseite
Napos Oldal 🍴 Karte 3, F 3

Das kleine Café und der Bioladen in der Terézváros sind sehr nett. Die ›Sonnenseite‹ serviert leckere Salate, vegetarische und vegane Snacks sowie Biokaffee und z. T. zuckerfreien Vollwertkuchen.

VI., Jókai utca 7–8, T 1 354 00 48, naposoldal. info, Metro 1, Tram 4, 6: Oktogon, Mo–Fr 9–20, Sa 10–16 Uhr

INSTITUTIONEN UND SZENETREFFS

Fein mit Wein
Bock Bisztró 🍴 G 4

Benannt ist das Haus nach dem Villányer Spitzenwinzer József Bock, und

---

KUCHEN-ABC

Dobos-torta: sechs geschichtete Biskuit-Tortenböden, gefüllt mit Schokoladencreme, und eine Karamellglasur zum Abschluss für die berühmte Dobosch-Torte

Esterházy-torta: Benannt nach dem Fürstengeschlecht, werden für diese Torte Mandelbiskuitböden mit Vanille-Buttercreme gefüllt und mit einer Zuckerglasur versehen.

Flódni: jüdische Süßigkeit aus Äpfeln, Mohn und Nüssen

Almás/mákos/meggyes/túrós rétes: Apfel-, Mohn-, Kirsch- und Quarkstrudel

Zserbó-szelet: Die Gerbeaud-Schnitte ist geschichtet und gefüllt mit Aprikosenmarmelade, Walnüssen und Apfelstücken, gekrönt von einer Schokoladenglasur.

---

zur kreativen, spanisch-italienisch angehauchten Küche werden die besten ungarischen Tropfen serviert – angeschlossen ist ein kleiner Weinhandel. Chefkoch Lajos Bíró wurde für seine ambitionierten Kreationen mehrfach international prämiert. Die normale Karte wird durch wöchentliche Specials ergänzt. Im Gebäude des Hotel Royal am Großen Ring ist die Lage perfekt – abends besser reservieren.

VII., Erzsébet körút 43–49, T 1 321 03 40, www. bockbisztropest.hu, Tram 4, 6: Király utca, tgl. 9–23 Uhr, Hauptgerichte ca. 3700–7000 HUF

Zum Silbernen Karpfen
Ezüstponty Vendéglő 🍴 Karte 5, E 7

Das stimmungsvolle und rustikale Lokal »Silberner Karpfen« liegt am Hang der Budaer Berge, ist aber mit der Straßenbahn ab Metrostation Széll Kálmán tér gut zu erreichen. Wie der Name suggeriert, stehen klassische Fischgerichte im Vordergrund, darunter auch leckere Fischsuppen. Dazu kommen aber auch feine Fleischspezialitäten wie gedünsteter Hirsch oder Kalbskeule. Im Sommer

Mitten drin: die verkehrsberuhigte Ráday utca ist ein beliebter Szene-Treffpunkt.

sitzt es sich schön im Biergarten und abends gibt es zum Essen gelegentlich Folkmusik – so sahen früher die Ausflugslokale in Budapest aus.

XII., Némtvölgyi út 96, T 1 319 16 32, www.ezustpontyvendeglo.hu, Tram 59/59A Vas Gereben utca, Hauptgerichte ca. 2100–6000 HUF (z.T. plus Beilagen)

Ungarische Traditionsküche
Hungarikum Bisztró 🍴 Karte 3, E 3
Das adrette Lokal bringt traditionelle Gastlichkeit zurück in die Leopoldstadt. Auf der Speisekarte stehen typisch ungarische Gerichte wie Gulaschsuppe, Krautrouladen und fleischhaltige wie süße Palatschinken sowie Schomlauer Nockerln (*Somlói galuska*). Eine Spezialität ist auch Kronstädter Geschnetzeltes (*Brassói apropecsenye*). Abends meist Schrammelmusik live – unbedingt reservieren.

V., Steindl Imre utca 13, T 1 797 71 77, www.hungarikumbisztro.hu, Metro 2, Tram 2: Kossuth Lajos tér, tgl. 11.30–15, 18–23 Uhr, Hauptgerichte ca. 2300–5200 HUF

Urwüchsiges Original
Horgásztanya 🍴 C 4
In der ›Fischerhütte‹ scheint die Zeit ein wenig stehengeblieben zu sein. Die Einrichtung ist rustikal, und auch die Preise sind angemessen. Im Mittelpunkt stehen natürlich Fischgerichte, weil in der Wasserstadt einst die Fischer angesiedelt waren. Darauf deutet auch der Name Halász utca (›Fischergasse‹) hin. Unter den rund 30 deftigen Fischgerichten auf der Karte befinden sich allein acht verschiedene Suppen, darunter die leckere Theiß-Fischsuppe mit Karpfen, Wels und Hecht. Neben dem Essen überzeugt die gute Lage in Sichtweite der Budaer Donaupromenade.

I., Fő utca 27, T 1 212 37 80, Tram 19, 41: Halász utca, tgl. 11–23 Uhr, Hauptgerichte ca. 2100–5400 HUF

Speisen im Weinladen
Klassz 🍴 Karte 3, F 3
Das Klassz am Prachtboulevard Andrássy út liegt direkt neben dem ehemaligen Pariser Großkaufhaus und gehört zu den unaufdringlichen, aber konsequent guten Restaurants. Hier werden schon seit Jahren in Kooperation mit dem Weinhändler Bortársaság (▶ S. 99) verlässlich gehobene Küche und eine erlesene Weinauswahl angeboten. Tischreservierungen sind allerdings nicht möglich.

VI., Andrássy út 41, kein Tel., www.klasszetterem.
hu, Metro 1, Tram 4, 6: Oktogon, tgl. 11.30–23
Uhr, Hauptgerichte ca. 2100–5500 HUF

Trendiger Szene-Treff
Menza 🍴 Karte 3, F 3
Die Menza kommt ganz im Retro-Stil
einer 1970er-Jahre-Kantine daher, die
Küche allerdings ist zeitgenössisch. Der
trendige Laden ist schon mittags voll
bis auf den letzten Platz, denn dann
werden günstige Menüs angeboten. Die
Menza ist eine der besseren Adressen
am Szene-Platz Liszt Ferenc tér, wo man
eine große Auswahl an Lokalen findet.
VI., Liszt Ferenc tér 2, T 1 413 14 82, www.men
zaetterem.hu, Metro 1, Tram 4, 6: Oktogon, tgl.
10–24 Uhr, Hauptgerichte ca. 2000–5000 HUF

<hr>

EXPERIMENTIERFREUDIG UND UNGEWÖHNLICH

Uni-Mensa mit Flair
Aula étterem 🍴 Karte 3, F 5
In einem schön überdachten Innenhof
liegt die allgemein zugängliche, sehr
beliebte Uni-Mensa der Germanisten,
Niederlandisten und Anglisten. Studierende, Lehrende, Angestellte aus den
umliegenden Büros und Nachbarn nutzen
die günstigen Angebote aus der Gartheke
– einfache ungarische Hausmannskost,
aber stimmungsvoll.
VIII., Rákóczi út 5, Metro 2, Tram 47, 49, Bus
5, 7, 8, 9, 107: Astoria, Mo–Do 11–15.30, Fr
11–15 Uhr, Hauptgerichte ca. 900–1700, Menüs
850–1000 HUF

Für Weinliebhaber
Borbírósság 🍴 Karte 3, F 6
Hinter der Zentralen Markthalle bietet
das trendige Weinlokal mehr als 60
ungarische Weine im Glas an und serviert
dazu feine Küche von einer kleinen Karte.
Drinnen verteilen sich die Tische auf zwei
Etagen, draußen stehen alte Weinfässer
als Tische. Weinlokale wie das Borbírósság
liegen in Budapest derzeit im Trend.
IX., Csarnok tér 5, T 1 219 09 02, www.borbiro
sag.com, Metro 4, Tram 2, 47, 49: Fővám tér, Mo–
Sa 12–23.30 Uhr, Hauptgerichte 2500–4900 HUF

Exotischer Keller
Dzsungel Étterem 🍴 Karte 3, F 3
»Bei uns bleibt selbst Tarzan nicht
hungrig.« Diesem selbst gestellten
Motto wird das Dzsungel in einer Parallelstraße des Großen Rings mehr als
gerecht. In vier thematisch dekorierten
Kellerräumen (Dschungel, Savanne,
Ozean und Piraten) werden leckere
und große Portionen serviert. Auf der
abwechslungsreichen Speisekarte findet
sich für jeden Geschmack etwas. Im
zweiten Kellerbereich ist das Crazy Café
eine angesagte Kneipe.
VII., Jókai utca 30, T 1 302 40 03, www.dzsun
gelcafe.hu, Metro 3, Tram 4, 6: Nyugati pu.,
So–Do 12–24, Fr/Sa 12–1 Uhr, Hauptgerichte
ca. 1900–4500 HUF

UNGARISCH KOCHEN

Chefparade Cooking School
Es gibt keinen besseren Ort, sich der
ungarischen Küche zu nähern als die
Zentrale Markthalle (▶ S. 43). Die
Chefparade Cooking School bietet
regelmäßig ungarische Kochkurse an.
Zunächst geht es morgens (optional)
in die Markthalle, danach per Taxi in
eines der drei Kochstudios, wo ein
typisches 3-Gänge-Menü gemeinsam
für das Mittagessen zubereitet wird.
Der ganze Spaß hat allerdings seinen
Preis, der reine Kochkurs (ohne
Markthalle) kostet 75 € pro Person
(mit Markthallenbesuch 100 €).
Hinweise: Alle Kurse sind auf
Englisch, auf (möglichst frühzeitige)
Nachfrage sind jedoch gelegentlich
auch deutschsprachige Kurse arran-
gierbar. Weil es mehrere Kochstudios
gibt, sollte man sich bei der Buchung
genau über den Ort der jeweiligen
Veranstaltung informieren, bezahlt
wird dann vor Ort in Euro oder Forint
(Kreditkarten nicht in jedem Koch-
studio möglich). IX., Páva utca 13 (H
7/8); V., Sas utca 21 (Karte 3, E
4); II., Bécsi út 27 (Karte 2);
T (20) 316 18 76, www.cooking
budapest.com.

Satt & glücklich

Dachterrasse mit Wow-Faktor
Intermezzo Roof Terrace
🍴 Karte 3, E 3
Bei schönem Wetter bietet sich von der Dachterrasse auf dem Hotel President ein atemberaubender Ausblick auf das wunderbare Jugendstildach der ehemaligen Postsparkasse und weiter bis zum Parlament, zum Burgschloss und zum Gellértberg. Besonders schön sind die Sonnenuntergänge und die abendliche Festbeleuchtung. Das Speisenangebot ist etwas begrenzt, dafür gibt es Cocktails und andere Drinks – unbedingt reservieren. Im Winter wird auf dem Dach eine kleine Eislaufbahn installiert.
VI., Hold utca 3, T 1 510 34 07, www.hotel president.hu, Metro 3, Bus 9: Arany János utca, Mai–Sept. tgl. 18–24 Uhr (wetterabhängig), Hauptgerichte ca. 3000–5000 HUF

Street Food im Szene-Viertel
Karaván 🍴 Karte 3, F 5
Angesichts derart vieler Partygäste im ehemaligen jüdischen Viertel war es nur eine Frage der Zeit, bis ein Street-Food-Markt auftauchte. Wenige Schritte vom

Am Imbisswagen trifft man Budapester Normalos und andere Hungrige.

Szimpla Kert (▶ S. 107) bietet das einstige Wohngrundstück rund ein Dutzend Stände mit ungarischen und internationalen, auch veganen Gerichten – eine gute Ergänzung im Ausgehviertel.
VII., Kazinczy utca 18, kein Tel., Bus 5, 7, 8: Uránia, So–Mi 11.30–24, Do–Sa 11.30–2 Uhr

Schickes Ruinen-Bistro
Mazel Tov 🍴 G 4
Ausnahmsweise entstand am Rande des einstigen jüdischen Viertels im Innenhof eines verfallenen Wohnhauses aus den 1860er-Jahren mal keine Ruinenkneipe, sondern ein schickes Ruinen-Bistrocafé mit Bar. Der Innenhof wurde überdacht und die Küche der Imbisskette Hummus Bar, die in Budapest mehrfach vertreten ist (www.hummusbar.hu), versorgt die Gäste mit abwechslungsreicher jüdischer und arabisch-nordafrikanischer Küche. Sehr lecker sind z. B. die jemenitischen Pfannkuchen Mallawach sowie die marokkanischen gegrillten Paprika Matbucha. Dazu kommen natürlich Falafel und Pita, aber auch ungarische Weine und Cocktails. Abends gibt es Livemusik in dem langgezogenen Schlauch, in den Seitenräumen finden auch Ausstellungen statt – ein sehr gelungenes Projekt.
VII., Akácfa utca 47, T (70) 626 42 80, www.mazeltov.hu, Tram 4, 6: Wesselényi utca, Mo–Fr 18–2, Sa/So 12–4 Uhr, Hauptgerichte ca. 1000–2900 HUF

Ungarische Baumstriezel
Molnár's Kürtőskalács
🍴 Karte 3, E 5
Die innen hohlen Baumstriezel sind in Ungarn sehr populär. Eine gute Möglichkeit, mehrere Sorten zu probieren, bietet das sehr kleine helle Café an der Váci utca am Durchgang zur Innerstädtischen Pfarrkirche. Hier können Sie Baumstriezel mit Mohn, Zimt, Mandeln, Walnuss oder Kakao bestellen – entweder zum Mitnehmen oder zum Verzehr an einem der wenigen Tische. Die Striezel sind hier zwar teurer als an Imbissständen, dafür stimmt die Qualität und die Auswahl ist größer.
V., Váci utca 31, T 1 407 23 14, www.kurtoska lacs.com, Metro 3, Bus 5, 7, 8, 107: Ferenciek tere, tgl. 9–22 Uhr

Pizza und Wein in der Markthalle
Oinos H 5

Das Oinos gehört zu der neuen Gattung von modernen Weinbistros, die die kulinarische Szene der Hauptstadt merklich erweitert haben. In einer Ecke der schönen Markthalle an der Metrostation Rákóczi tér am Großen Ring bietet das hohe Lokal hinter der großen Fensterfront rund 70 ungarische Weine. Dazu kommen leckere Pizzen, Pasta sowie Salate und Risotto auf den Teller. Mittags gibt es günstige Pizza-Angebote, in der Markthalle lassen sich dann auch gleich nötige Besorgungen erledigen.

VIII., Rákóczi tér 7, T (06) 70 770 98 03, www. oinos.hu, Metro 4, Tram 4, 6 Rákóczi tér, So–Do 11–24, Fr–Sa 11–1 Uhr, Hauptgerichte 1500–5500 HUF

Exotisches vom Subkontinent
Taj Mahal G 2

Ein Hauch von indischer Exotik empfängt Besucher im geschmackvoll eingerichteten Taj Mahal. Die verlockenden Genüsse des Subkontinents bieten auch Vegetariern reichlich Auswahl. Leckere Tandoori-Gerichte, Linsenspezialitäten, mehrere Sorten Naan-Brot sowie leckere Getränke wie Mango Lassi runden das Angebot ab. Die freundliche Bedienung serviert in stilgerechten Saris – eindeutig das beste indische Restaurant in Budapest.

VI., Szondi utca 40/Ecke Rózsa utca, T 1 301 04 47, www.tajmahal.hu, Metro 1: Vörösmarty utca, O-Bus 72, 73, 76: Izabella utca, Di–So 12–23 Uhr, Hauptgerichte ca. 1900–4900 HUF (zzgl. Reis)

Sushi vom Band
Wasabi Karte 3, F 3

Auf einem doppelstöckigen Laufband gleiten rund 100 unterschiedliche Sushi- und Wok-Gerichte an den Tischen vorbei. Das exzellente Lokal bietet Spezialitäten aus der japanischen, koreanischen sowie der thailändischen Küche an. Für den Fixpreis kann man so viel essen, wie man möchte – und die Verlockung ist groß. Zum Abschluss empfiehlt sich ein japanischer Sake. Übrigens: Mo–Fr ist der Restaurantbesuch mittags (bis

S SNACKEN

Wer für Zwischendurch mal nicht Döner oder Pizza, sondern etwas echt Ungarisches probieren möchte, hat die Auswahl zwischen dem Fladenbrot **lángos** sowie den Baumstriezeln **kürtőskalács**. Erstere (sprich: Langosch) werden traditionell in siedendem Fett zubereitet und dann mit Knoblauch und/oder Sauerrahm bestrichen. Es gibt inzwischen aber auch umfangreichere Kreationen, z. B. mit Paprika und Zwiebeln. Ein guter Ort, um Lángos zu probieren, ist die Zentrale Markthalle (▶ S. 101). Die Baumstriezel (sprich: Kürtöschkolahtsch) sind süß und werden oft noch mit Kakao, Vanille oder Zimt bestrichen.

17 Uhr) günstiger. Aufgrund des großen Erfolgs gibt es weitere Wasabi-Filialen in der Stadt.

VI., Podmaniczky utca 21, T 1 374 00 08, www. wasabi.hu, Metro 3, Tram 4, 6: Nyugati pu., tgl. 11.30–23.30 Uhr, mittags/abends Mo–Fr 6990/7990, Sa/So 7990 HUF

Paradies für Teeliebhaber
Zöld Teknős Barlangja
 Karte 3, F 3

In einem Land, das für seinen Kaffeekonsum bekannt ist, sind Teehäuser ein relativ neues Angebot. Die ›Höhle der grünen Schildkröte‹ in einer ruhigen Parallelstraße des Großen Rings ist ein gemütliches Teehaus auf zwei Etagen mit rund 175 exquisiten Teesorten sowie einem kleinen Tee-Laden. Das Leitthema der sympathischen Höhle ist indianische Kultur, von hektischer Großstadt ist hier keine Spur. Einige Hilfen bei der Auswahl der Teesorten: schwarz = *fekete*, grün = *zöld*, weiß = *fehér*, Frucht = *gyümölcs*.

VI., Jókai utca 14, T 1 302 00 24, www.zoldtek nosbarlangja.hu, Metro 1, Tram 4, 6: Oktogon, Mo–Do 11–23, Fr–Sa 11–24, So 13–23 Uhr

Im Kaufrausch

Als größte Stadt Ostmitteleuropas genießt Budapest den Ruf einer vielseitigen Einkaufsstadt. Vor wenigen Jahren war noch befürchtet worden, dass die zahllosen Einkaufszentren die Innenstadt ›austrocknen‹, doch das ist glücklicherweise nicht eingetreten. Viele kleine Fachgeschäfte bedienen eine Kundschaft, die noch Handarbeit und Qualität schätzt.

Beliebt sind z. B. Budapester Schuhe. International noch wenig bekannt ist die sehr quirlige und junge einheimische Designerszene an der Donau. Junge Nachwuchstalente kreieren ansprechende und anspruchsvolle Mode und verkaufen sie auch gleich vor Ort. Diese Designer-Läden und -Boutiquen finden sich eher in den Nebengassen der Innenstadt oder rund um das alte jüdische Viertel.

Ein Erlebnis für Shoppingfreunde sind natürlich die großen und kleinen Markthallen rund um den Innenstadtkern. Vor allem die Zentrale Markthalle ist ein kulinarisches Fest für die Sinne. Viele Delikatessen – wie die Wintersalami, die hervorragenden Weine, der hochprozentige Schnaps *(pálinka)* oder aber auch der Magenbitter Unicum – sind beliebte Mitbringsel. Wesentlich teurer und fragiler ist das kunstvoll gefertigte Porzellan der Firmen Herend und Zsolnay, die schon bei den Habsburgern sehr populär waren.

ZUM SELBST ENTDECKEN

Im Pester Stadtzentrum ist die allzeit belebte **Váci utca** eine sehr touristische Flaniermeile. In den Seitengassen finden sich aber überraschend viele kleine Fachgeschäfte. Ganz im Zeichen internationaler Designermarken stehen die **Deák Ferenc utca** sowie der erste Abschnitt der **Andrássy út.** Entlang der **Rákóczi út** und des **Großen Rings** zwischen Jászai Mari tér und Blaha Lujza tér geben vor allem kleinere (Mode-)Läden den Ton an. Auch in den Hinterhöfen lässt sich manche Entdeckung machen. In der Galerien- und Antiquitätenmeile **Falk Miksa utca** bieten zahlreiche Kunsthändler von Porzellan über Gemälde bis zu Fernöstlichem eine breite Palette an.

Ob scharf oder süß, Pulver oder Paste: Paprika gehört zu Ungarn.

BÜCHER UND MUSIK

Streichinstrumente
Dárius Music 🔊 Karte 3, F 3
Zoltán Délczeg ist seit vielen Jahren
eine der führenden Adressen für
Streichinstrumente in Budapest – ob Vi-
oline, Cello oder Mandoline, bei ihm gibt
es alles. In Hörweite der Franz-Liszt-Musikakademie am Liszt Ferenc tér sind
natürlich auch Reparaturen der kostbaren
Musikinstrumente sehr gefragt.
VI., Paulay Ede utca 58, www.dariusmusic.hu,
Metro 1, Tram 4, 6: Oktogon, Mo–Fr 10–17, Sa
10–13 Uhr

Großartiges Antiquariat
Központi Antikvárium 🔊 Karte 3, F 5
Eines der schönsten Antiquariate der
Stadt mit alten Karten und Büchern –
im Angebot sind auch eine Reihe von
deutschen Titeln. Schon das Stöbern
in dem Laden am Kleinen Ring macht
Spaß. Entlang des Múzeum körút
befinden sich aufgrund der diversen
Universitäten in dem Viertel zahlreiche
weitere Buchläden.
V., Múzeum körút 13–15, www.kozpontiantik
varium.hu, Metro 2, Tram 47, 49, Bus 5, 7, 8, 9,
107: Astoria, Mo–Fr 10–18, Sa 10–14 Uhr

Musikladen mit
Jugendstil-Ambiente
Rózsavölgyi 🔊 Karte 3, E 5
Das traditionsreiche Musikgeschäft bietet viel Klassik und Jazz, aber auch Pop
und außerdem einen Ticketservice. Das
Haus selbst ist ein sehr schönes Jugendstilgebäude von Béla Lajta (1912). Im
ersten Obergeschoss befinden sich im
›Szalon‹ ein Café mit Kleinkunstbühne
für abendliche Veranstaltungen.
V., Szervita tér 5, Metro 1, 2, 3, Tram 47, 49, Bus
9, 16, 105: Deák Ferenc tér, Mo–Sa 10–22 Uhr

DELIKATESSEN UND LEBENSMITTEL

Ungarische Spitzentropfen
Bortársaság 🔊 Karte 3, E 3
Viele ungarische Spitzenwinzer ver-
kaufen ihre erlesenen Tropfen über die
›Weingesellschaft‹, so die Übersetzung
des Namens ›Bortársaság‹. Im Sortiment
sind die wichtigsten Weinregionen und
Winzer des Landes vertreten. Beliebte
Weinregionen sind im Süden Ungarns
Villány und Szekszárd sowie im Norden
Eger und Tokaj. Auch der Balaton ist für
Qualitätsweine bekannt. Die Auswahl
an gehaltvollen ungarischen Qualitäts-
weinen ist sehr groß.
Ein weiteres Fachgeschäft für Wein
befindet sich in der Szenestraße
Ráday utca 7, unweit des Kálvin tér.
Bortársaság betreibt sogar ein eigenes
Restaurant: Im exzellenten Klassz
(S. 60) an der Andrássy út 41 kann
man die Weine glasweise bestellen und
zum Essen probieren.
V., Vécsey utca 5/Vértanúk tere 3, Metro 2, Tram
2: Kossuth Lajos tér, Mo–Fr 10–20, Sa 10–19
Uhr; D 5, I., Lánchíd utca 5, Tram 19, 41, Bus
16, 105: Clark Ádám tér, Mo–Fr 10–20, Sa
10–19 Uhr; www.bortarsasag.hu

Ungarischer Gourmetladen
Szalámibolt 🔊 Karte 3, G 7
Neben pikanter ungarischer Salami gibt
es weitere Delikatessen aus dem Karpatenbecken: Schinken, Käse, Pasteten
sowie leckeres Pflaumenmus und Pálin-
ka-Schnaps aus Ostungarn. Wer sich
mit magyarischen Leckereien eindecken
möchte, ist hier genau richtig.
IX., Ráday utca 24A, www.szalamibolt.hu, Metro 3, 4, Tram 47, 49, Bus 9: Kálvin tér, Mo–Fr
9–19, Sa 10–16 Uhr

FLOH- UND STRASSENMÄRKTE

Stöbern am Stadtrand
Ecseri-Flohmarkt 🔊 Karte 6
Weit draußen im Südosten der Stadt
befindet sich an einer Ausfallstraße das
Gelände des größten Flohmarktes der
Stadt. Zumeist feste Stände bieten im
Ecseri piac alles Mögliche, von Gemälden
über Schallplatten und Bücher bis hin zu
Porzellan und Möbel, ein wenig Kleidung,
alte Grammophone etc. Aufgrund der
weiten Anfahrt ist der Flohmarkt eher
etwas für eingefleischte Flohmarktfans.
Am meisten ist samstagsmorgens los,
sonst eher ruhig.

XIX., Nagykőrösi út 156, www.piaconline.hu,
Bus 54, 55 (ca. 20 Min. ab Boráros tér) bis
Naszód utca (Használtcikk piac), Mo–Fr 8–16,
Sa 6–15, So 8–13 Uhr

Kunsthandwerkermarkt
Gozsdu Weekend Market
🅿 Karte 3, F 4
Im langgestreckten Durchgang des
Gozsdu-Hofs findet ein bunter Kunst-
handwerkermarkt statt, der zum Bummel
durch die Passage einlädt. Zahlreiche
Cafés machen Lust auf eine Kaffeepause.
VII., Király utca 13/Dob utca 16 (Gozsdu-Hof),
www.weekendmarket.hu, Metro 1, 2, 3, Tram
47, 49, Bus 9, 16, 105: Deák Ferenc tér, (Fr), Sa/
So 10–17 Uhr

Bauernmarkt in Ruinenkneipe
Szimpla Kert 🅿 Karte 3, F/G 5
Im Innenhof der Ruinenkneipe Szimpla
Kert (▶ S. 107) findet am Sonntag (9–14
Uhr) ein stimmungsvoller Bauernmarkt
(Háztáji Piac) statt. Regionale Produzen-
ten aus dem Umland bieten u. a. Brot,
Honig, Marmeladen und Aufstriche, Käse,
Wurst, Gemüse und Obst an – zumeist
auch in Bio-Qualität. An vielen Ständen
kann man auch probieren oder gleich bis
zum Brunch bleiben. Das Szimpla-Team
hat mit dem Markt eine echte Lücke gefüllt und eine neue Institution geschaffen
– ein guter Auftakt am Sonntagmorgen.
VII., Kazinczy utca 14, www.szimpla.hu, Metro
2, Tram 47, 49: Astoria; Bus 5, 7, 8, 107: Uránia

∙∙

GESCHENKE, DESIGN, KURIOSES
∙∙

Kristall aus Westungarn
Ajka Kristály 🅿 Karte 3, E 4
Anspruchsvolles Glas aus dem west-
ungarischen Ajka wird in dem Firmen-
laden verkauft. Die Glasbläserei ist die
führende in Ungarn.
V., József Attila utca 7, www.ajka-crystal.hu,
Metro 1: Vörösmarty tér, Bus 16, 105: József
nádor tér/Hild tér, Mo–Fr 10–18, Sa 10–13 Uhr.
Eine weitere Filiale der Glasbläser befindet sich
in der Kossuth Lajos utca 10

Kaiserliches Porzellan
Herend 🅿 Karte 3, E 4
Hochwertiges Porzellan und der Name
Herend sind in Ungarn ein Synonym. Die
westungarische Manufaktur gilt im All-
gemeinen als das Meißen der Magyaren.
Bereits seit 1826 wird vor Ort handbemaltes Porzellan von höchster Qualität
gefertigt. Den internationalen Durch-
bruch verschaffte eine Bestellung mit
fernöstlichen Motiven von Queen Victoria
auf der Weltausstellung in London 1851.
Nun standen die hochadligen Kunden
Schlange, Kaiser Franz Joseph und Gattin
Sisi erhoben den Manufakturbesitzer Mór
Fischer in den Adelsstand und machten
Herend zum k.-u.-k.-Hoflieferanten. Ganz
so nobel geht es in der Manufaktur natürlich nicht mehr zu, aber der Anspruch
ist geblieben. Das spiegelt sich im für
Ungarn hohen Preisniveau.
V., József nádor tér 11, www.herend.com, Metro
1: Vörösmarty tér, Bus 16, 105: József nádor
tér/Hild tér, Mo–Fr 10–18, Sa 10–14 Uhr. Eine
weitere Filiale befindet sich im Burgviertel in der
Szentháromság utca 5

Fernöstliches
Moró Antik 🅿 E 2
Moró ist in Budapest der Spezialist für
asiatische Kunst sowie kunstvoll verzierte Gehstöcke und alte Waffen. Das
kleine Geschäft, das auch Ausstellungen
organisiert, verleiht der Falk Miksa utca
einen fernöstlichen Einschlag.
V., Falk Miksa utca 13, www.moroantik.hu,
Tram 2, 4, 6: Jászai Mari tér, Mo–Fr 10–18, Sa
10–13 Uhr

Folklore und Volkskunst
Népművészeti Bolt
🅿 Karte 3, E 5
Unter den oft kitschigen Folkloreläden
im Zentrum ist der ›Volkskunstladen‹
einer der besseren. Die Schwarzkera-
miken aus Nádudvar und die bunten
Haban-Keramiken sind hochwertige
Produkte; auch Folklorekleidung.
V., Régi posta utca 12, www.folkartkezmuveshaz.
hu, Metro 1: Vörösmarty tér, Metro 3: Ferenciek
tere, Mo–Fr 10–18, Sa/So 10–15 Uhr

Versuchslabor für Designer
Printa 🅿 Karte 3, F 5
Direkt gegenüber der Synagoge in der
Rubach Sebestién utca überzeugt das
vielseitige Printa durch eine kuriose
Mischung aus Designer-Klamotten und

SHOPPINGTEMPEL MIT STIL

Die Budapester Markthallen
Die Markthallen sind ein fester Bestandteil der Budapester Einkaufskultur. Manche von ihnen sind bereits über 110 Jahre alt, andere wurden erst vor wenigen Jahren neu erbaut. Ein Besuch in einer Markthalle sollte unbedingt ins Programm gehören. Ende des 19. Jh. waren die sanitären Bedingungen auf den städtischen Märkten so katastrophal geworden, dass man zu den Millenniumsfeierlichkeiten 1896 für radikale Abhilfe sorgte. In einem Zug wurden in Pest gleich fünf Markthallen für die zentralen Stadtviertel errichtet, die inzwischen als sehenswerte Industriedenkmäler gelten, aber zugleich weiterhin ihre Versorgungsfunktion für die Bevölkerung erfüllen (Markthalle = *vásárcsarnok*, Markt = *piac*). Highlight ist natürlich die großartige

Zentrale Markthalle (📖 F 6/7) am südlichen Ende der Váci utca. Wesentlich ruhiger und überhaupt nicht touristisch geht es in den kleineren Markthallen zu. Im VIII. Bezirk (Josephstadt) steht die **Markthalle am Rákóczi tér** (📖 H 5), im VII. Bezirk (Elisabethstadt) **zwischen Klauzál tér und Akácfa utca** (📖 G 4), im VI. Bezirk (Theresienstadt) am **Hunyadi tér** (📖 G 3) und im V. Bezirk (Leopoldstadt) an der **Hold utca** (📖 3, E 3).
Die **Markthalle am Batthyány tér** (📖 C 3) wurde in ein Einkaufszentrum umgewandelt. Neueren Datums sind die Markthallen am **Lehel tér** (📖 F 1) sowie in Buda hinter dem Shoppingcenter Mammut an der **Fény utca** (📖 B 2) sowie im Stadtteil Újbuda an der Kreuzung **Fehérvári út/Oktober 23. utca** (📖 Karte 4).

-Taschen, einer Siebdruckerei (inklusive Workshops), einer kleinen Galerie – und einer Kaffeemaschine für die Gäste.

VII., Rumbach Sebestyén utca 10, https://printa. hu, Metro 1, 2, 3, Tram 47, 49, Bus 9, 16: Deák Ferenc tér, Mo–Sa 11–19 Uhr

Buntes Allerlei
Rododendron Art & Gallery
🔒 Karte 3, F 5
Im Röser-Durchgang zum Kleinen Ring ist neben einigen Minicafés das Rododendron ein hipper Laden mit viel modischem Design: Schmuck, Taschen, Spielzeug und Foto-Postkarten von Budapest mit ungewöhnlichen Motiven.

V., Semmelweis utca 19, www.rododendronart. com, Metro 1, 2, 3, Tram 47, 49, Bus 9, 16: Deák Ferenc ter, Mo–Fr 10–19, Sa 10–17, So 10–15 Uhr

Noch mehr ›weißes Gold‹
Zsolnay 🔒 Karte 3, E 4
Die berühmte Firma Zsolnay aus dem südungarischen Pécs ist im Gegensatz zur Manufaktur von Herend (s. oben) nicht nur hochwertiges handbemaltes Porzellan her. Zsolnay ist auch für seine feuerfesten bunten Pyrogranitziegel bekannt. Die wunderbaren Dächer der Matthiaskirche (▶ S. 30) und des Kunstgewerbemuseums (▶ S. 81) bekannt. Firmengründer Vilmos Zsolnay gab auf seine Produkte eine sagenhafte Garantie von 100 Jahren! Bemerkenswert sind auch die Eosin-glasierten exotisch wirkenden Stücke mit Jugendstil-Motiven. Im Geschäft wird jedoch Porzellan verkauft, das im Allgemeinen etwas günstiger als das von Herend ist.

V., József nádor tér 12, www.zsolnaybudapest. com, Metro 1: Vörösmarty tér, Bus 16, 105: József nádor tér/Hild tér, tgl. 9–19 Uhr

••••••••••••••••••••••••••••••••••••••
MODE UND ACCESSOIRES
••••••••••••••••••••••••••••••••••••••

Bunte Akzente
Eventuell Galéria 🔒 Karte 3, E 6
Farbenfrohe Textilien, Kissen, Vorhänge und Stoffe zur Inneneinrichtung sowie ein wenig Schmuck von ungarischen Designern machen den Charme des kleinen Ladens in einer Seitengasse der Váci utca aus. Gelegentlich gibt es Ausstellungen von Nachwuchsdesignern.

V., Nyáry Pál utca 7, www.eventuell.hu, Metro 3, Bus 5, 7, 8: Ferenciek tere, Mo–Fr 11–18, Sa 10.30–14 Uhr

Mode made in Budapest
Kamchatka 🔒 Karte 3, E 6
Gleich neben der Eventuell Galéria designt und produziert Marta Schulteisz ihre eigene Mode und Accessoires.

V., Nyáry Pál utca 7, www.kamchatkadesign. com, Metro 3, Bus 5, 7, 8: Ferenciek tere, Mo–Fr 12–18, Sa 10–14 Uhr

Kreatives ungarisches Design
The Garden Studio 🔒 Karte 3, F 4
Dóri Tomcsányi und Bálint Sikó haben mit dem Garden Studio kreativen jungen ungarischen Designern die Möglichkeit gegeben, ihre Produkte zu präsentieren. Neben Kleidung und Designer-Rucksäcken finden sich auch Accessoires. Hinten befindet sich zudem ein Studio. Das Ganze macht einen erfrischenden Eindruck, vor allem im Vergleich zu den eher steril wirkenden Nobel-Modeläden an der parallelen Andrássy út.

VI., Paulay Ede utca 18, www.thegardenstudio.hu, Metro 1: Bajcs-Zsilinszky út, Mo–Sa 10–20 Uhr

Handschuhe mit Tradition
Ékes Kesztyű 🔒 Karte 3, E 5
Das traditionsreiche Fachgeschäft für Handschuhe befindet sich seit 1883 in Familienhand und ist damit einer der angestammtesten Betriebe im Umfeld der Váci utca. Während die Handschuhe selbst hergestellt werden, kommen die Hüte aus Österreich. Das Geschäft liegt wie die Nachbarn Kaczián (s. unten) und der Népművészeti Bolt (▶ S. 100) in einer Seitengasse der Váci utca.

V., Régi posta utca 14, Metro 1: Vörösmarty tér; Metro 3: Ferenciek tere, Mo–Fr 10–18, Sa 10–13 Uhr

Krawatten aus Seide
Kaczián 🔒 Karte 3, E 5
Katalin Kaczián führt die 1957 begonnene Familientradition fort und stellt hochwertige Seidenkrawatten her. Der

schmale Laden ist schnell zu übersehen, hat aber eine exklusive Kundschaft. Krawatte heißt auf Ungarisch übrigens *nyakkendő*.

V., Régi posta utca 14, www.kaczian.hu, Metro 1: Vörösmarty tér; Metro 3: Ferenciek tere, Mo–Fr 10–18, Sa 10–13 Uhr

Coole Mode
Retrock 🛍 Karte 3, F 4
In einer verkehrsberuhigten Seitengasse unweit des Deák Ferenc tér ist der große helle Shop fast eine Art Gemischtwarenladen für coole ungarische und internationale Designer-Klamotten, Stiefel und Accessoires. Sogar Teppichvorleger stehen im Angebot. Das Publikum ist jugendlich und die Atmosphäre entsprechend locker.

VI., Anker köz 2, www.retrock.com, Metro 1, 2, 3, Tram 47, 49, Bus 9, 16, 105: Deák Ferenc tér, Mo–Do 11–21, Fr–Sa 10–21, So 11–20 Uhr

Avantgardistische Hüte
V 50 🛍 Karte 3, E 6
Den kleinen, schmalen Laden in der Váci utca könnte man schnell übersehen, die unkonventionellen Hüte (Hut = *kalap)*

der Modedesignerin Valéria Fazekas mit Sicherheit nicht. Die Künstlerin stellt auch regelmäßig im In- und Ausland aus. Am Belgrád rakpart 16 findet sich ein weiteres Geschäft.

V., Váci utca 50, www.valeriafazekas.com, Metro 3, Bus 5, 7, 8, 107: Ferenciek tere, Mo–Fr 10–18, Sa 10–16 Uhr

Schuhe nach Maß
Vass 🛍 Karte 3, E 5
Wer von handgefertigten Qualitätsschuhen aus Budapest spricht, sollte die beiden nebeneinander liegenden Filialen von László Vass in der Pester Innenstadt aufsuchen. Der international bekannte Schuhmacher legt Wert auf hochwertiges Leder, präzise Verarbeitung und maßgeschneiderten Service. Ein Spitzenmodell der Werkstatt ist selbstredend der ›Budapester‹, den es in verschiedenen Ausfertigungen gibt. Oder wie wäre es mit einem ›Alt-Wiener‹, einem ›Londoner‹ oder dem Modell ›Oxford‹?

V., Haris köz 2 u. 6, www.vass-shoes.com, Metro 3, Bus 5, 7, 8: Ferenciek tere, Mo–Fr 10–19, Sa 10–16 Uhr

Der Ecseri-Flohmarkt weit draußen vor der Stadt ist eine Fundgrube für schöne Dinge und anderes.

Immer in Fahrt

Ungarns Hauptstadt verfügt über eine sehr lebendige Kultur- und Nightlifeszene, wie es sich von einer Metropole dieser Größenordnung erwarten lässt. Von der prächtigen Staatsoper bis zur funkigen Disco gibt es ein reichhaltiges Angebot: Ob Theater, Kino, Livemusik, Szenetreffpunkte oder ein Abend in einer gemütlichen Kneipe – Sie haben die Qual der Wahl.

In vielen Kneipen und Cafés wird auch Livemusik geboten. Sehr beliebt ist in Budapest Jazz, der z. T. in Clubs, aber auch in Kneipen und Bars gespielt wird. Intensiv verankert ist mittlerweile wieder die jüdische Klezmer-Musik. Im Sommer kommt Open Air und auf hochkarätigen Festivals regelmäßig alles von Klassik über Klezmer und Jazz bis zu Rock und Heavy Metal auf die Bühne. Wichtige Veranstaltungsorte im Sommer sind die Vajdahunyad-Burg und der Zoo sowie die Óbudaer Insel für das international angesagte Sziget Festival.

Ein Wermutstropfen für Nachtschwärmer: In den Budapester Innenstadtbereichen müssen die Außenterrassen vieler Cafés um 24 Uhr schließen. Im Sommer zieht das ausgehfreudige Publikum dann weiter zu den ›Ruinenkneipen‹ im ehemaligen jüdischen Viertel, den Hotspots am Donauufer oder in einen der Clubs, um die Nacht zum Tag machen – Budapest schläft selten.

ZUM SELBST ENTDECKEN

Szeneviertel: Das Nachtleben konzentriert sich auf die Pester Innenstadt zwischen Donau und Großem Ring. Hier finden sich die meisten Theater, Kinos und Kneipen. Ein besonders beliebtes Ausgehviertel ist das ehemalige jüdische Viertel vom Deák Ferenc tér bis zum Liszt Ferenc tér mit seinen vielen ›Ruinenkneipen‹.

Nachtverkehr: Der öffentliche Nachtverkehr funktioniert sehr gut. Ab 23.30 Uhr versorgt ein dichtes Netz an Nachtbussen im 15- bis 60-minütigen Takt die wichtigsten Routen die gesamte Nacht hindurch. Auch die Straßenbahnlinie 6 verkehrt rund um die Uhr über den Großen Ring. Wer sich lieber ein Taxi bestellt, sollte unbedingt eine vertrauenswürdige Firma wählen (▶ S. 112).

Kellerkneipe oder Biergarten? Das Pótkulcs, der ›Ersatzschlüssel‹, ist beides.

BARS UND KNEIPEN

Angesagter Treffpunkt
400 Bar ⚙ Karte 3, F 4

Auch wenn die Kneipe in einem modernen Haus in der Elisabethstadt liegt, ist es hier meist proppenvoll. Im Sommer gibt es eine schöne Terrasse mit Durchgang zum Gozsdu-Hof; dazu kommt leckere serbisch angehauchte Küche.

VI., Kazinczy utca 52, www.400bar.hu, Metro 1, 2, 3, Tram 47, 49: Deák Ferenc tér, Mo–Mi 11.30–1, Do 11.30–2, Fr–Sa 12–4, So 12–1 Uhr

An der Kettenbrücke
Borpatika Andante ⚙ D 4

Auf der Budaer Seite der Kettenbrücke werden im Stil eines englischen Clubs bis zu 100 ausgesuchte Weine ausgeschenkt. Dazu gibt es eine ansprechende Speisekarte. Die ›Weinapotheke‹ ist eine Kooperation zwischen dem Villányer Winzer Ede Tiffan und Rockstar Ákos.

Bem rakpart 2, www.andante-borpatika.hu, Tram 19, 41, Bus 16, 105: Clark Ádám tér, Mo–Sa 12–23, So 17–23 Uhr

Beständige Szenekneipe
Café Paris, Texas ⚙ Karte 3, G 6

An den Wänden hängen viele Schwarz-Weiß-Fotos, die lockere Atmosphäre zieht hauptsächlich junges Publikum an. An der schicken Ráday utca ist das sympathische Café inzwischen einer der Oldtimer.

IX., Ráday utca 22, T 1 218 05 70, Metro 3, 4, Tram 47, 49: Kálvin tér, tgl. 12–2 Uhr

Schicke Weinbar
DiVino ⚙ Karte 3, E 4

Die moderne Weinbar an der Stephansbasilika bietet an lauen Sommerabenden draußen ein fantastisches Panorama (Filiale im Gozsdu-Hof). Im Mittelpunkt stehen natürlich ungarische Weine.

V., Szent István tér 3, www.divinoborbar.hu, Metro 1, 2, 3, Tram 47, 49, Bus 9, 16: Deák Ferenc tér, So–Mi 16–24, Do–Sa 16–2 Uhr

Wein im Jüdischen Viertel
Dobló ⚙ Karte 3, F 4

Ohne Terrasse, dafür drinnen sehr stilvoll und gemütlich liegt wenige Schritte vom Gozsdu-Hof die Weinbar Dobló. Man fühlt sich fast wie in einem Weinkeller, und abends spielt dazu ruhige Begleitmusik. Zu ausgesuchten Rebtropfen werden Käse, Fleisch, Wurst und Schinken gereicht – vor allem am Wochenende unbedingt reservieren.

VII., Dob utca 20, www.budapestwine.com, Metro 2, Tram 47, 49, Bus 5, 7, 8, 9: Astoria, So–Mi 14–2, Do–Sa 14–4 Uhr

Typische Ruinenkneipe
Fogas/Instant ⚙ G 4

Gegenüber dem Eingang zur kleinen Markthalle im ehemaligen jüdischen Viertel sind das Fogas und das Instant unter den alternativen Ruinenkneipen ein doppelter Hotspot. Während im ›Garten‹ *(kert)* tatsächlich noch einige Bäume im Innenhof stehen und lockere Biergartenatmosphäre herrscht, sind im Haus auch Konzerte und Events angesagt – im 1. Obergeschoss ist zudem der Musikclub Lärm eingezogen – eine coole Adresse im Szeneviertel.

VII., Akácfa utca 49–51, www.fogashaz.hu, Tram 4, 6: Király utca, tgl. Sommer 14–4, Winter 18–4 Uhr

Relaxter ›Ersatzschlüssel‹
Pótkulcs ⚙ F 2

Der ›Ersatzschlüssel‹ ist ein gelungenes Projekt nahe dem Westbahnhof. Im Sommer ist der lauschige und etwas versteckte Biergarten zumeist gut gefüllt. Drinnen sorgen in dem gewölbeartigen Kneipenraum das ganze Jahr über kostenlose Folk-, Jazz- und andere Konzerte für Stimmung beim jungen Publikum.

VI., Csengery utca 65/b, www.potkulcs.hu, Metro 3, Tram 4, 6: Nyugati pu., So–Mi 17–1.30, Do–Sa 17–2.30 Uhr

Relaxen an der Kettenbrücke
Pontoon ⚙ Karte 3, D 4

Abends den Sonnenuntergang über dem Burgberg bei einem kühlen Drink an der Kettenbrücke genießen und dann die Nacht am Donauufer durchfeiern? Auf den schlichten Gartenstühlen der Open-Air-Szenebar Pontoon kein Problem. Abends gibt es für das zumeist

Wenn die Nacht beginnt

W
WEIN

Die ungarischen Weine haben in den letzten Jahren an Qualität stark aufgeholt. In Budapest gibt es in fast allen Restaurants Gelegenheit, die heimischen Tropfen zu probieren. Für ihr Angebot an guten ungarischen Weinen sind das **Klassz** (▶ S. 60) und das **Bock Bisztró** (▶ S. 93), aber auch das **Borbíróság** (▶ S. 95) bekannt. Populär geworden sind zudem Weinbars, in denen die Rebsäfte aus den unterschiedlichen Regionen auch offen angeboten werden; dazu werden Kleinigkeiten zum Essen gereicht.

junge Publikum oft auch Livemusik – alles basic, aber sehr stimmungsvoll.
V., Antall József rakpart 1 (Széchenyi István tér), www.pontoonbudapest.com, Tram 2, Bus 16, 105: Széchenyi István tér, Mai–Sept. tgl. 12–ca. 4 Uhr (wetterabhängig)

Craft-Bier lokal
Rizmajer ⚙ G 5
Im Vorort Csepel gebraut, werden die hauseigenen Craft-Biere seit 2017 in der Kneipe am Großen Ring auf drei Ebenen serviert. Zu den ungewöhnlichen Sorten zählen u. a. das Pflaumenbier *(rumos szilvás sör)* und das Ingwerbier *(gyömbér sör)*. Dazu kann man sich kleine Snacks oder herzhafte Burger bestellen – ein Lokal mit guter Atmosphäre.
VIII., József körút 14, http://rizmajersor.hu, Metro 2, Tram 4, 6, Bus 5, 7, 8: Blaha Lujza tér, Mo–Mi 12–1, Do–Sa 12–2, So 12–24 Uhr

Bierchen im Gozsdu-Hof
Spíler ⚙ Karte 3, F 4
Gegenüber vom Café Vian ist das Spíler im angesagten Gozsdu-Hof ein attraktiver Bistro-Pub mit Designer-Interieur und einfachem Biergarten-Bereich. Dementsprechend ist das Publikum bunt gemischt, und auch außerhalb der Saison wird es abends voll.
VII., Király utca 13/Dob utca 16 (Gozsdu-Hof C), www.spilerbp.hu, Metro 1, 2, 3, Tram 47, 49: Deák Ferenc tér, tgl. 9–24 Uhr

Frisches Leben in Újbuda
Szatyor Bár és Galéria ⚙ E 8
Buda ist nicht mit sehr vielen netten Bars und Kneipen gesegnet. Die große Café-Kneipe mit Pooltisch, Sofas und einer modernen Galerie auf der oberen Etage ist ein bunter Lichtblick für das Nachtleben im südlichen Buda.

Die Nacht und das Leben feiern zu Füßen der Kettenbrücke – Pontoon

KINO

Die meisten Kinofilme (Kino = *mozi*) laufen natürlich auf Ungarisch, doch einige Kinos bringen neue Produktionen auch im englischsprachigen Original, oft mit ungarischen Untertiteln. In den Kinoprogrammen sind diese Filme mit ›F‹ oder ›fel‹ *(feliratos* = Untertitel) gekennzeichnet, ›mb‹ steht für *magyarul beszélő* (ungarischsprachig). Die Multiplexkinos von **Cinema City** (www.cinemacity.hu) sind in den Einkaufszentren angesiedelt. Eine Kette von Programmkinos ist unter www.artmozi.hu zu finden, nett sind z. B. das **Corvin**, Corvin köz 1 (G 7), sowie das **Puskin**, Kossuth Lajos utca 18 (Karte 3, F 5). Ein ganz besonderes Kino ist das **Uránia Nemzeti Filmszínház,** Rákóczi út 21, www.urania-nf.hu (G 5). Schon allein wegen der Pracht des großen Saals lohnt sich ein Kinobesuch im liebevoll im maurischen Stil renovierten ›Nationalen Filmtheater‹ (Eintrittspreise: ca. 800–2100 HUF).

XI., Bartók Béla út 36–38, www.szatyorbar.com, Tram 19, 41, 47, 49, 56: Gárdonyi tér, tgl. 12–1 Uhr

Kult unter den Ruinenkneipen
Szimpla Kert ✿ Karte 3, F/G 5
Unter den ›Ruinenkneipen‹ ist das Szimpla Kert einfach Kult, denn der alternative ›Garten‹ war 2002 als erster auf der Szene und hat bis heute mit immer neuen Ideen überlebt. In dem ehemals leer stehenden Hinterhof in der Elisabethstadt herrscht jeden Abend auf den Sperrholzmöbeln lockere Partystimmung. Eine sehr nette Ergänzung ist sonntags 9–14 Uhr der Bauernmarkt im Hof mit Brunch (▶S. 100). Wer nur eine Ruinenkneipe besuchen möchte, sollte hier mal vorbeischauen.

VI., Kazinczy utca 14, www.szimpla.hu, Metro 2, Tram 47, 49: Astoria; Bus 5, 7, 8: Uránia, Mo–Fr 12–4, Sa/So 9–4 Uhr

Szene-Treff im Palastviertel
Zappa Caffe ✿ G 6
Das Café im Herzen des sog. Palastviertels hinter dem Nationalmuseum ist mit dem größten – und denkmalgeschützten – Wandgemälde von Budapest geschmückt und ein stimmungsvoller Szenetreff. Im Sommer draußen schöne Terrasse auf dem Platz, nebenan gibt es weitere Cafés.

VIII., Mikszáth Kálmán tér 2, www.zappacaffe.hu, Metro 3, 4, Tram 47, 49: Kálvin tér, Mo–Do 12–24, Fr/Sa 9–4 Uhr

LIVEMUSIK

Partyschiff auf der Donau
A 38 ✿ F 8
Das Partyschiff A 38 ist seit 2003 fester Bestandteil der Musikszene. Im Bauch des ehemaligen ukrainischen Lastenschiffs finden Konzerte statt, ein Restaurant sorgt für das leibliche Wohlbefinden und auf Deck ist Platz genug zum Feiern und Chillen.

XI., Petőfi híd (Budaer Seite), www.a38.hu, Tram 4, 6: Petőfi híd, Budai hídfő, Bar tgl. 11–2, im Sommer 11–4 Uhr

Experimentelles Kulturzentrum
Fonó Budai Zeneház
✿ unterhalb D/E 8
Früher war das Fonó Teil eines Werksgeländes, heute ist es zu einem der interessantesten Kultur- und Musikzentren der Stadt geworden. Folk- und Weltmusik-Konzerte, Jazz, Tanzabende, Festivals und ein CD-Laden mit Weltmusik sorgen für ein sehr abwechslungsreiches Programm.

XI., Sztregova utca 3, www.fono.hu, Tram 1, 17, 41, 47: Etele út

Rock an der Donau
Budapest Park
✿ außerhalb Karte 4
Auf einem Open-Air-Gelände an der Pester Zufahrt zur Rákóczibrücke treten

Wenn die Nacht beginnt

den ganzen Sommer über bekannte wie
aufstrebende ungarische Bands auf,
aber auch internationale Gäste.
IX., Soroksári út 60, www.budapestpark.hu,
Tram 1, 2, 24: Közvágóhíd, Mitte April–Sept.

Klezmer-Abende
Spinoza ☼ Karte 3, F 5
Im gemütlichen Café-Restaurant Spinoza gibt es jeden Freitag ab 19 Uhr
passend zur Location im Jüdischen
Viertel hervorragende Klezmer-Abende
mit örtlichen Bands. Tickets kosten
4500 HUF, mit einem Drei-Gänge-Menü
12 000 HUF. Wer Klezmer mal live hören
möchte, ist hier genau richtig. Tickets
vorab reservieren.
VII., Dob utca 15, www.spinozacafe.hu, Metro 2,
Tram 47, 49, Bus 5, 7, 8, 9: Astoria, 8–24 Uhr

**Veranstaltungstipps und
Tickets:** Die Touristeninformationen
sind immer eine gute Quelle für
Veranstaltungstipps. Zudem liegen
in vielen Touristenbüros, Cafés,
Kneipen und Kinos Programmhefte
sowie die Magazine Pesti est (www.
est.hu, wöchentl., auf Ungarisch,
Kinoprogramme, Termine von
Livekonzerten und so ziemlich allem,
was sich in Budapest abspielt) und
Funzine (www.funzine.hu, monatl.,
auf Englisch) aus.
**Event-Hinweise und Konzert-
tickets** findet man auch hier:
www.budapest.com – eher touristischen Veranstaltungen)
www.budapestinfo.hu – offizielle
Webseite der Budapester Touristeninformation (▶ S. 110), informiert
u. a. über aktuelle Festivals
www.eventim.hu– Webseite von
Ticket Express, teilweise auch auf
Englisch)
www.jegy.hu – Interticket bietet
einen sehr guten Veranstaltungs-
überblick, leider viel auf Ungarisch.

JAZZ

Jazz im Kinosaal
Budapest Jazz Club ☼ E 2
Der quirlige Budapest Jazz Club bietet
in einer Seitenstraße des Großen Rings
in einem früheren Kino ebenso ungarischen Jazz-Größen wie Studenten der
Franz-Liszt-Musikakademie eine Bühne.
Mit Café und abendlichem Bistro – ein
echter Tipp für Jazz-Freunde.
XIII., Hollán Ernő utca 7, www.bjc.hu, Tram 2, 4,
6: Jászai Mari tér, Konzerte Di–Sa

Easy listening
iF Kávézó ☼ Karte 3, F/G 7
Das Musikcafé überzeugt durch ein
freundliches Ambiente, wechselnde
Ausstellungen und ein sanftes Musik-
programm. Easy listening, Salonjazz und
Chansons sind hier abends ab 19.30 Uhr
angesagt. Konzerte 1000/600 HUF extra.
IX., Ráday utca 19, www.ifkavezo.hu, Metro 3,
4, Tram 47, 49: Kálvin tér, tgl. 11–24 Uhr

Goethe spielt Jazz
Jedermann ☼ G 7
Der Niederländer Hans van Vliet hat das
Café im Goethe-Institut zu einem sehr
heimeligen Lokal umgewandelt. 2–3-mal
pro Woche gibt es ab 21 Uhr Jazz live
(Eintritt meist 500 HUF). Gelegentlich ist
der Hausherr auch selbst zu sehen und zu
hören. Auch tagsüber eine entspannende
Adresse, mit deutschen Zeitungen.
IX., Ráday utca 58, www.jedermann. hu, Tram 4,
6 Boráros tér, tgl. 8–1 Uhr

TANZEN

Unter dem Elisabethplatz
Akvárium ☼ Karte 3, E 4
Ende der 1990er-Jahre sollte hier das
neue Nationaltheater entstehen. Der
fertige Teil unter dem Elisabethplatz dient
heute als Club für Konzerte und Partys sowie als lockeres Bistro und Caféterrasse.
V., Erzsébet tér 12, www.akvariumklub.hu,
Metro 1, 2, 3, Tram 47, 49: Deák Ferenc tér, tgl.
12 bis ca. 1 Uhr, an Wochenenden bis ca. 4 Uhr

Immer gut gefüllt
Morrison's 2 ⚙ E 2

Im Souterrain feiert man am Großen Ring nachts durch. Auf mehreren Tanzflächen wird dem meist studentischen Publikum eingeheizt. Morrison's hat an der Oper (Révay utca 25, 🛒 E 4) in einem Kellergewölbe eine zweite Filiale für Livekonzerte. Im Park Népliget (🛒 außerhalb K 8) befindet sich Morrison's Liget, der Disco-Ableger der kleinen Nightlife-Kette.

V., Szent István körút 11, www.morrisons.hu, Metro 3, Tram 4, 6: Nyugati pu, tgl. 17–6 Uhr

---

HÖHEPUNKTE DES BUDAPESTER KULTURPROGRAMMS

Konzerte und Oper

Die Stadt von Franz Liszt, Béla Bartók und Imre Kálmán ist mit exquisiter klassischer Musik, aber auch Opern, Operetten und Musicals gesegnet. Großartige Veranstaltungshäuser sind die **Ungarische Staatsoper**, das **Budapester Operettentheater** (▶ S. 64) sowie die **Franz-Liszt-Musikakademie**. Südlich der Pester Innenstadt liegt am Donauufer neben dem Nationaltheater (s. unten) der moderne **Palast der Künste** (Művészetek Palotája, www.mupa.hu). Im Palast ist der Béla Bartók Nationale Konzertsaal für 1700 Zuhörer ausgelegt und verfügt über eine fantastische Akustik. Der größte Konzertsaal Ungarns ist eine wichtige Bühne für das renommierte **Budapester Frühlingsfestival** (www.btf.hu). Die erstklassigen Konzerte und Tanzvorführungen finden aber auf zahlreichen Bühnen statt.

Folklore

In Tanz und Musik haben sich in Ungarn viele folkloristische Elemente erhalten, die z. T. der Roma-Kultur entstammen. Die Tanzhaus-Bewegung macht seit den 1970er-Jahren Folkmusik wieder populär. Eher für Touristen – aber sehr professionell – tritt das Staatliche Folklore-Ensemble auf. Auftrittsorte: **Budaer Redoute** (Budai Vigadó, 🛒 C 3/4, I., Corvin tér 8, www.hagyomanyokhaza.hu) und **Donaupalast** (Duna Palota, 🛒 Karte 3, E 4, V., Zrínyi utca 5. Reservierungen: T 1 317 27 54, www.ticket.info.hu).

Open-Air

Im Sommer verlagert sich das Musikgeschehen nach draußen. Erstklassige Konzertreihen mit Klezmer, Jazz, Folk und Klassik finden z. B. in der Vajdahunyad-Burg im Stadtwäldchen (www.vajdahunyad.hu), aber auch im Zoo (www.zoobudapest.com) statt. Auch der **Donaukarneval** (www.dunakarneval.hu) und das **Jüdische Kulturfestival** (www.zsidokulturalis fesztival.hu)) bringen viel Musik auf die Bühne. Rock und Pop stehen hingegen bei Ostmitteleuropas größtem Open-Air-Event auf dem Programm, dem **Sziget Festival** auf der Óbudaer Insel im Norden der Stadt (www.sziget.hu). Auch die Freilichtbühne auf der Margareteninsel bietet gute Unterhaltung, z. B. Musicals (www.szabadter.hu).

Theater

Ein Theater-Besuch in Budapest wird natürlich durch die Sprachbarriere erschwert (Theater = *színház*). Dabei genießen die Schauspielbühnen, wie z. B. das **Thalia-Theater** (www.thalia.hu), einen hervorragenden Ruf. Repräsentativ ist das **Nationaltheater** (Nemzeti Színház, www.nemzetiszinhaz.hu) am Pester Donauufer neben dem Palast der Künste (s. oben). Derzeit keine feste Bühne besitzt das hervorragende **Nationale Tanztheater** (Nemzeti Táncszínház, www.dancetheatre.hu). Eher experimentell und sehr zeitgenössisch geht es auf der Theater- und Tanzbühne des Kulturzentrums **Trafó** (Liliom utca 41, www.trafo.hu, Metro 3, Tram 4, 6 Corvin-negyed) zu. Hier kommen spannende moderne Produktionen auf die Bühne – ein Lichtblick in der Budapester Theaterszene.

Hin & weg

... mit dem Flugzeug

Liszt Ferenc International Airport (BUD): Karte 6

Flugauskunft: T (00 36) 1 296 70 00, www.bud.hu

Transfer in die Stadt: Vom Flughafen im Südosten der Stadt gibt es verschiedene Möglichkeiten, in die Stadt zu kommen:

Bus: Der Flughafen-Schnellbus 100E verkehrt von früh morgens bis ca. 1 Uhr nachts zwischen Terminal 2A/B und dem innerstädtischen Verkehrsknotenpunkt Deák Ferenc tér in der Pester Innenstadt. Unterwegs hält er nur an den Metrostationen Astoria und Kálvin tér. Die Fahrzeit beträgt je nach Verkehrslage ca. 30–50 Min., der Fahrpreis 900 HUF (Tickets gibt es an den BKK-Verkaufsstellen oder den Automaten). An den Metrostationen können Sie dann auf den öffentlichen Nahverkehr umsteigen (▶ S. 112).

Shuttle-Minibusse (www.minibud. hu) fahren nach Bedarf mehrere Gäste gleichzeitig in die Stadt bis vor die jeweilige Haustür. Der Fahrpreis beträgt in die zentralen Bezirke von Pest und Buda 4900 HUF für eine bzw. zwei Personen. Wird die Rückfahrt gleich mitgebucht, so kosten beide Fahrten zusammen 8400 HUF. Bei mehreren Personen werden die Fahrten vergleichsweise günstiger.

Taxi: Vertragspartner am Flughafen ist die zuverlässige Firma Főtaxi (T 1 222 22 22, www.fotaxi.hu). Eine Taxifahrt ins Pester Stadtzentrum kostet ca. 7000–8000 HUF (ca. 23–26 €). Die Preise sind einheitlich für Budapest festgelegt (s. unten).

... mit der Bahn

Die Direktzüge von Wien, München und Berlin steuern zumeist den Budapester Ostbahnhof (Keleti pu./pályaudvar) am Baross tér im 8. Bezirk an. Von dort verkehren u. a. die Metro 2 und 4 in die Innenstadt und nach Buda. Die Züge aus Wien u. München halten zudem in Budapest-Kelenföld auf der Budaer Seite. Von dort verkehrt Metro 4 hinüber nach Pest.

Fahrplaninfos: www.bahn.de, www. elvira.hu, www.mavcsoport.hu

... mit dem Auto

Die Autobahn M 1 aus Wien bzw. Bratislava kommt im Westen der Stadt an und ist (wie praktisch alle ungarischen Autobahnen) gebührenpflichtig. Eine Vignette *(matrica)* gibt es an der Grenze und an Tankstellen in mehreren Varianten (für 10 Tage 2975 HUF, für einen Monat 4780 HUF, weitere Infos: www. autobahn.hu).

In Budapest sollte man sein Auto unbedingt auf einem bewachten Parkplatz abstellen und auf den hervorragenden öffentlichen Nahverkehr umsteigen.

Touristen-Information
www.budapestinfo.hu
Das städtische Budapester Festival- und Tourismuszentrum betreibt in der Innenstadt und am Flughafen mehrere Informationsbüros. Dort kann auch die Budapest Card erworben werden:

Pester Innenstadt: E 5, Sütő utca 2 (beim Deák Ferenc tér), tgl. 8–20 Uhr.

Heldenplatz: H 1, Olof Palme sétány 5, So–Do 9–19, Fr/Sa 10–20 Uhr.

Flughafen: Terminal 2A, tgl. 8–22 Uhr; Terminal 2B, tgl. 9–21 Uhr

Burgviertel: Tarnók utca 15 (Szentháromság tér), tgl. 10–18 Uhr (privates Büro)

Budapest im Internet
www.budapestinfo.hu: Die offizielle Website des städtischen Tourismusamtes wartet mit umfangreichen Informationen über die ungarische Hauptstadt auf. Sehenswürdigkeiten, Museen, Bäder, Nightlife, Festivals und kinderfreundliche Freizeitangebote werden übersichtlich vorgestellt. Nützlich sind

auch die praktischen Tipps zu Ankunft und Verkehr. Breiten Raum nimmt die Budapest Card ein.

www.budapest.com: Ausführliche Webseite mit vielen touristischen Tipps zur Hauptstadt.

https://hellohungary.com/de: Offizielle Website des Ungarischen Tourismusamtes, nützliche Infos zum ganzen Land.

www.pesterlloyd.net: Die deutschsprachige Onlinezeitung Pester Lloyd bietet einen sehr guten und kritischen Einblick in das aktuelle Tagesgeschehen in Budapest und Ungarn.

www.budapester.hu: Auch die nicht so kritische Budapester Zeitung ist online erreichbar.

www.budapest.diplo.de: Auf der offiziellen Website der Deutschen Botschaft in Budapest finden sich nützliche Infos und Links zu Themen wie ›Studieren in Ungarn‹, Sprachkurse, Kulturleben sowie Wirtschaft und Politik.

www.budapest.gayguide.net: englischsprachige Seite mit ausführlichen Infos zur Schwulen- und Lesbenszene in Budapest sowie kommentierten Tipps zu Unterkünften, Cafés und Nightlife.

REISEN MIT HANDICAP

MEOSZ (Ungarischer Behindertenverband): www.meosz.hu (auch auf Englisch)

SICHERHEIT UND NOTFÄLLE

Zentrale Notrufnummer: T 112
Ambulanz: T 104; **Feuerwehr:** T 105; **Polizei:** T 107
Botschaften: Bundesrepublik Deutschland: T 1 488 35 00, www.budapest.diplo.de; Österreich: T 1 479 70 10, www.aussenministerium.at/budapest; Schweiz: T 1 460 70 40, www.eda.admin.ch
Bank-/Kreditkarten-Sperrung: T (0049) 116 116, www.116116.eu
Die ungarische Hauptstadt ist im Allgemeinen sehr sicher. Die häufigsten Delikte gegenüber Touristen sind Diebstahl, Betrug und Autoaufbruch. Deshalb ist normale Wachsamkeit immer ratsam und Autos gehören grundsätzlich auf bewachte Parkplätze. Im Schadensfall sollte man bei der Polizei (ungar.

VERGÜNSTIGUNGEN

Die **Budapest Card** gibt es für jeweils 24/48/72/96/120 Std. (6490–18 990 HUF/ca. 21–62 €). Inbegriffen ist die kostenlose Nutzung des Nahverkehrs (inkl. Linienschiffe) sowie kostenfreier Eintritt ins Lukács-Heilbad und in sieben Museen, darunter das Nationalmuseum, die Nationalgalerie und das Aquincum Museum. Attraktiv sind auch die kostenlosen Stadtführungen (auf Englisch) im Burgviertel und in der Pester Innenstadt sowie die Nutzung des Budapest Castle Bus. Daneben gibt es zahlreiche weitere Ermäßigungen für Museen, Sights, Bäder, Höhlen, Stadtrundfahrten etc. Die Budapest Card gibt es beim Budapester Festival- und Tourismuszentrum, am Flughafen,

in manchen Hotels und an einigen Metro-Stationen, sowie online unter www.budapestinfo.hu.

Jugendliche und Studenten: Jugendliche unter 18 Jahren zahlen bei der Übernachtung keine Tourismusabgabe und erhalten zumeist 50 % Ermäßigung in Museen. Diesen Rabatt erhalten auch Studierende bei Vorlage eines Internationalen Studierendenausweises.

Senioren: Reisende ab dem vollendeten 70. Lebensjahr brauchen oftmals gar keinen Museumseintritt bezahlen und ab dem vollendeten 62. Lebensjahr gibt es häufig Ermäßigungen. Ab dem vollendeten 65. Lebensjahr ist die Nutzung des Nahverkehrs kostenlos (Ausweis nicht vergessen!).

rendőrség) Anzeige erstatten. Dort sind in der Regel auch deutsch- oder englischsprachige Mitarbeiter erreichbar.

....

UMWELTFREUNDLICH UNTERWEGS

....

Öffentliche Verkehrsmittel

Budapest hat einen effektiven öffentlichen Nahverkehr. Vier Metrolinien, dazu Straßenbahnen *(villamos)*, Busse *(busz)* und O-Busse *(trolibusz)* fahren von ca. 4.30 bis 23.30 Uhr jeden Bereich der Stadt in oft kurzen Abständen an. Schnellbusse sind mit einem E gekennzeichnet. Ab ca. 23.30 Uhr verkehren auf den Hauptlinien Nachtbusse (900er-Linien) in 15–60-Minuten-Takt. Die Tram 6 verkehrt die ganze Nacht vom Széll Kálmán tér in Buda über den Großen Ring in Pest zum Móricz Zsigmond körtér in Buda.
Zentraler Umsteigepunkt ist der Deák Ferenc tér in der Pester Innenstadt, wo die Metrolinien 1 bis 3 zusammentreffen. Von dort kann man mit Buslinie 16 auch hinauf ins Budaer Burgviertel fahren. Die Metrolinie 4 führt vom Ostbahnhof (Keleti pu.) über den Kálvin tér (Metro 3) bis zum Bahnhof Kelenföld (Kelenföld vasútállomás bzw. vá.).
Fahrscheine: Einzelfahrscheine *(vonaljegy,* 350 HUF) gelten nur für eine Fahrt ohne Umsteigen, die günstigeren Sammeltickets *(gyűjtőjegy,* 3000 HUF) gelten für jeweils zehn Fahrten ohne Umsteigen. Am besten kauft man sich eine 24-/72-Stunden- oder eine Wochenkarte (24/72 órás jegy/hetijegy: 1650/4150/4950 HUF), die unbegrenzt für den gesamten Nahverkehr innerhalb von Budapest inkl. der Nachtbusse gelten. Auch die Budapest Card garantiert die kostenlose Nutzung des Nahverkehrs.
Fahrkarten sind vor (!) dem Fahrtantritt z. B. an den Metro-Stationen oder an den Fahrkartenautomaten zu kaufen (in einigen Bussen beim Fahrer Einzelfahrscheine für 450 HUF), bei der Wochenkarte muss der eigene Name eingetragen werden.
Für Ausflüge jenseits der Stadtgrenzen mit der grünen Vorortbahn HÉV sind Anschlusskarten zu lösen.

EU-Bürger und Schweizer ab dem vollendeten 65. Lebensjahr können den öffentlichen Nahverkehr in Budapest kostenlos nutzen (Ausweis vorlegen)! Kinder unter sechs Jahren fahren ebenfalls kostenlos. Infos und Fahrpläne (ungarisch/englisch): BKK, Rumbach Sebestyén utca 19–21, T 1 325 52 55, www.bkk.hu

Taxi

Offizielle Taxis sind inzwischen fast alle gelb lackiert. In den Taxizentralen spricht man im Allgemeinen Englisch. Die Höchsttarife sind gesetzlich festgelegt: 700 HUF Grundgebühr, 300 HUF/km, 75 HUF/Min. Wartezeit. Bei einer Taxifahrt sollte man zuerst nach dem (ungefähren) Preis fragen, den Taxameter beobachten und eine Quittung verlangen. Leider gibt es immer wieder Taxifahrer, die versuchen, durch lange Umwege mehr Geld zu kassieren. Taxis ohne Firmenschild sollte man grundsätzlich meiden. Wer über das Hotel ein Taxi bestellt, muss oftmals mehr bezahlen. Am Flughafen ist das zuverlässige Unternehmen Főtaxi offizieller Vertragspartner: T 1 222 22 22, www.fotaxi.hu

Schiff

Für kommentierte Schiffsrundfahrten auf der Donau s. u.
Eine preisgünstige Alternative sind die **Linienschiffe** auf der Donau. Die Linien D 11 und D 12 verkehren von der Rákóczibrücke (Kopászi-gát bzw. MüPa/Palast der Künste) im Süden bis nach Újpest/Rómaifürdő im Norden. Zentrale Anleger sind u. a. der Boráros tér, Szent Gellért tér, Petőfi tér, Várkert Bazár, Kossuth Lajos tér, Batthyány tér und Jászai Mari tér. Auf der Margareteninsel werden die zwei Anleger am Zentenariumsdenkmal und am Wasserturm jeweils im Wechsel angesteuert. An schönen Sommertagen können die Schiffe zwischen Petőfi tér und Margareteninsel wegen großem Andrang auch schon mal überfüllt sein und nehmen keine neuen Gäste mehr auf. Mit BKK-Tages-/Wochenkarten ist die Fahrt Mo–Fr kostenlos, ansonsten einfach 750 bzw. 550 HUF.
Aktuelle Fahrplaninfos: www.bkk.hu

Segway-Stau vor der Oper. Dann lieber mit dem E-Bike links daran vorbei.

Ausflüge ins Donauknie: zwischen April und September MAHART-Linienschiffe ab Vigadó tér in Pest. Angesteuert werden u. a. Szentendre und Visegrád. Infos: Schiffsstation Vigadó tér, T 1 318 12 00, www.mahartpassnave.hu

Radfahren

Das Fahrrad wird in Budapest immer beliebter, weite Teile der Pester Innenstadt sind inzwischen verkehrsberuhigt. Schöne Radstrecken gibt es an der Andrássy út ins Stadtwäldchen, auf der Margareteninsel und vor allem an der Budaer Donaupromenade von der Rákóczi-Brücke im Süden, vorbei an der Kettenbrücke und der Margaretenbrücke weiter nach Norden Richtung Óbuda und Szentendre. Zurück kann man das Rad von dort auch mit der Vorortbahn HÉV (zusätzlicher Fahrschein) transportieren.
Am südlichen Ende führt die Budaer Donaupromenade Radler jenseits der Rákóczi-Brücke zum Naherholungsgebiet Kopaszi-gát, wo es zahlreiche Cafés gibt.
Im Alltagsverkehr sollte man als Radfahrer unbedingt auf kleine Seitenstraßen ausweichen! Sonntags ist die Lage entspannter.

Radverleih: Yellow Zebra Bikes, VI., Lázár utca 16 (Karte 3, F 3/4), T 1 269 38 43, www.yellowzebrabudapest.com, Verleih 1000/4500 HUF (1/24 Std.) sowie geführte Stadttouren (s. u.) und Segway-Touren (2–3 Std., ab 65 €). Ein weiterer Verleiher mit geführten Touren (s. u.) ist Budapest Bike, VII., Wesselényi utca 13, Karte 3, F 5, T (06) 309 44 55 33, www.budapestbike.hu, Verleih 3000/4000 HUF (8/24 Std.).

STADTFÜHRUNGEN

Für Inhaber der Budapest Card sind zwei Führungen auf Englisch durch Buda und Pest inklusive. **Thematische Führungen** (zumeist auf Englisch) gibt es im Jüdischen Viertel. Startpunkt ist jeweils die Große Synagoge in der Dohány utca (▶ S. 51).
Im Kommen sind **Stadtführungen per Fahrrad** (ca. März–Okt., ca. 6000–8500 HUF, Touren auf Englisch). Anbieter sind u. a. Budapest Bike und Yellow Zebra Bikes (s. Radverleih).

STADTRUNDFAHRTEN

Die ›Hop-On-Hop-Off‹-Touren zu den Hauptsehenswürdigkeiten ermöglichen an den zahlreichen Haltestellen unbegrenzte Unterbrechungen in einem Zeitraum von zumeist 24–48 Std. Als Extras gibt es je nach Anbieter Ermäßigungen in Museen, eine kostenlose Donau-Schiffstour oder die kostenlose Nutzung des öffentlichen Nahverkehrs (ca. 6500–10 000 HUF, Kommentare durchgängig auch auf Deutsch).
Anbieter solcher Touren sind z. B. Programcentrum, T (06) 20 944 90 92, www.programcentrum.com, City Sightseeing, T (06) 309 22 11 21, www.city-sightseeing.com, Big Bus Tours (T 1 235 00 78, www.bigbustours.com). Sehr ungewöhnlich und recht unterhaltsam ist die zweistündige kombinierte Bus-Schiffs-Tour mit einem Amphibienbus von Riverride (9000/erm. 6000 HUF, T 1 33 22 555, www.riverride.com). Donaurundfahrten: ▶ S. 21.

O-Ton Budapest

Sajnos nem beszélek magyarul.

Leider spreche ich kein Ungarisch.

Jó napot.

Guten Tag!

KÖSZÖNÖM (SZÉPEN)

Danke (schön)

Viszontlátásra!

Auf Wieder-sehen.

Hogy van / vagy?

Wie geht es Ihnen / Dir?

igen / nem

ja / nein

EGÉSZSÉGÉRE!

Prost!

Akkor lészen az, mikor a Duna visszafoly vagy elszárad.

Szeretnék ...

Ich möchte ...

Das wird erst kommen, wenn die Donau rückwärts fließt oder austrocknet. (Wenn etwas ziemlich unwahrscheinlich ist.)

Beszél németül vagy angolul?

Nagyon finom volt, köszönöm szépen.

Sprechen Sie Deutsch oder Englisch?

Es hat sehr gut geschmeckt, danke.

Register

Register

Das Klima im Blick

Reisen bereichert und verbindet Menschen und Kulturen. Wer reist, erzeugt auch CO_2. Der Flugverkehr trägt mit bis zu 10 % zur globalen Erwärmung bei. Wer das Klima schützen will, sollte sich – wenn möglich – für eine schonendere Reiseform entscheiden oder die Projekte von atmosfair unterstützen. Flugpassagiere spenden einen kilometerabhängigen Beitrag für die von ihnen verursachten Emissionen und finanzieren damit Projekte in Entwicklungsländern, die dort den Ausstoß von Klimagasen verringern helfen (www.atmosfair.de). Auch die Mitarbeiter des DuMont Reiseverlags fliegen mit atmosfair!

Abbildungsnachweis
Matthias Eickhoff, Münster: S. 75
Glow Images, München: S.120/5 (Budi); 74 (Hauser); 120/1 (Kiefer)
Huber-Images, Garmisch-Partenkirchen: S. 54 (Erbetta); 68 (Borchi); 4 o. (Mastrorillo);
    Umschlagklappe vorne, 7, 8/9 (TC)
laif, Köln: S. 120/8 (Barth); 120/2 (contrasto); 50 (Galli); 12/13, 103 (Hahn); 70
    (Kristensen); 101 (Loop Images/Nathan); 42 (Rigaud); Umschlagklappe hinten
    (Schwelle); 16/17 (Solaris/Long); 72 (Steinhilber); 104 (Stukhard); 120/7 (Veres); 88
    (Zuder)
Look, München: Titelbild, Faltplan, S. 14/15, 22, 84 (age fotostock); 61, 98 (Fleisher);
    48 (Leue); 27, 44, 78/79, 94 (Pompe); 20, 62 (thomasharding); 41, 56, 92 (Travel
    Collection)
Mauritius Images, Mittenwald: S. 58 (age/Forsberg); 36 o. (Higuchi); 65 (imagebroker/
    Kohls); 37 (imagebroker/Rasmus); 36 u. (imagebroker/Breuer); 120/9 (irishphoto.
    com/Alamy); 96, 113 (Forsberg/People/Alamy); 80 (scenicireland.com/Hill Photogra-
    phic/Alamy); 66 (Stockinger/Alamy)
picture-alliance, Frankfurt a. M.: S. 46 (Dueren); 120/6 (Killig)
Pontoon, Budapest: S. 106
Schapowalow, Hamburg: S. 38 (Amantini); 4 u. (Niehuus); 34 (4Corners/Panayiotou);
    25, 86, 90, 120/3 (4Corners/Taylor); 24 (SIME/Rellini); 23 (SIME/Serrano); 29, 33
    (SIME/Vaccarella)
Gyorgy Vigh, Budapest: S. 120/4
Zeichnung S. 5: Antonia Selzer, Lörrach
Zeichnungen S. 2, 11, 25, 51, 55, 67: Gerald Konopik, Fürstenfeldburck

Zitat
Umschlagklappe hinten: aus »Fünfzig Sätze über Budapest«, Jozef Köves, K.u.k.-
    Verlag Budapest.

Kartografie
DuMont Reisekartografie, Fürstenfeldbruck
© DuMont Reiseverlag, Ostfildern

Umschlagfotos
Titelbild: Parlamentsgebäude
Umschlagklappe hinten: Blick vom Donauufer auf den Burgberg mit Matthiaskirche
und Fischerbastei

Hinweis: Autor und Verlag haben alle Informationen mit größtmöglicher Sorgfalt
geprüft. Gleichwohl sind Fehler nicht vollständig auszuschließen. Alle Angaben erfolgen
ohne Gewähr. Bitte schreiben Sie uns! Über Ihre Rückmeldung zum Buch und Verbesse-
rungsvorschläge freuen sich Autor und Verlag:
DuMont Reiseverlag, Postfach 3151, 73751 Ostfildern,
info@dumontreise.de, www.dumontreise.de

2., aktualisierte Auflage 2019
© DuMont Reiseverlag, Ostfildern
Alle Rechte vorbehalten
Autor: Matthias Eickhoff
Redaktion/Lektorat: Petra Juling, Sebastian Schaffmeister
Grafisches Konzept: Eggers+Diaper, Potsdam
Printed in China

Kennen Sie die?

König Stephan I.
Staatsgründer und Namensgeber der wichtigsten katholischen Basilika

Andrea Osvárt
Die Budapester Schauspielerin war 2015 in der deutschen Komödie »Der Nanny« zu sehen.

Imre Nagy
Der Ministerpräsident der Revolution 1956 wurde vom kommunistischen Regime unter János Kádár hingerichtet.

Budapest Klezmer Band
Die führende Klezmer-Band Ungarns sorgte für ein Revival der jüdischen Klezmer-Musik im Land.

Sisi
Kaiserin Elisabeth ist die Lieblings-Habsburgerin nicht nur der Ungarn und wurde mit der Elisabethbrücke verewigt.

Zsuzsa Polgár
Kein Schachproblem ist der 1969 in Budapest geborenen Weltmeisterin zu schwer, die seit 2002 in den USA lebt.

Imre Kertész
(1929–2016) überlebte als Jugendlicher Auschwitz und Buchenwald; für seinen »Roman eines Schicksallosen« bekam er den Literaturnobelpreis.

Budapester
So heißt der Leistentyp für Schuhe, wie sie in Budapest z. B. bei László Vass handgefertigt werden.

Ernő Rubik
Der Erfinder des Zauberwürfels (Rubiks Cube) brachte schon viele Tüftler zur Verzweiflung.